O chamado de Deus

10 sermões sobre graça, misericórdia e reconciliação

A.W. TOZER

hagnos

Ten Sermons on the Voices of God Calling Man (extraído da obra *Tozer Speaks*, Volume Two).

1ª edição: julho de 2025

Tradução: Maurício Bezerra
Revisão: Victor Hugo Tosta e Gabriel Braz
Diagramação: Letras Reformadas
Capa: Douglas Lucas
Editor: Aldo Menezes
Editor assistente: Fabiano Medeiros
Assistente editorial: Raquel Carvalho
Coordenador de produção: Mauro Terrengui
Impressão e acabamento: Imprensa da Fé

Editora Hagnos Ltda.
Rua Geraldo Flausino Gomes, 42, conj. 41
CEP 04575-060 — São Paulo, SP
Tel.: (11) 5990-3308

E-mail: editorial@hagnos.com.br | Home page: www.hagnos.com.br
Editora associada à Associação Brasileira de Direitos Reprográficos (ABDR)

Dados Internacionais de Catalogação na Publicação (CIP)

Tozer, A. W. (Aiden Wilson), 1897-1963

O chamado de Deus: 10 sermões sobre graça, misericórdia e reconciliação / A. W. Tozer; tradução de Maurício Bezerra Santos Silva. — São Paulo: Hagnos, 2025.

ISBN 978-85-7742-663-8

Título original: Ten Sermons on the Voices of God Calling Man (extraído da obra Tozer Speaks, volume Two).

1. Deus – Sermões I. Título II. Silva, Maurício Bezerra Santos

25-2656 CDD 252.099

Índices para catálogo sistemático:

1. Deus – Sermões

Angélica Ilacqua CRB-8/7057

Sumário

Prefácio

O ministério do dr. A. W. Tozer é muitas vezes identificado pelo seu dom de apelar aos crentes para sondar todas as possibilidades da graça de Deus. Em seu zelo de levar os cristãos à maturidade, Tozer nunca negligenciou os temas básicos do evangelho. Não havia como o incrédulo ouvir suas pregações ou ler seus escritos sem aprender alguma coisa sobre o caminho de volta para Deus. Muitas vezes, o dom do dr. Tozer como evangelista passa despercebido. Nesta série de sermões, ele analisou a misericórdia de Deus em chamar os pecadores ao arrependimento e à salvação.

Desde o jardim do Éden, a voz do Criador expressou a Adão um convite claro para voltar do caminho da desobediência. Esse chamado amoroso tem ecoado várias vezes desde então. Deus falou e ainda fala aos homens pela voz do amor, pela voz do Espírito Santo, pela voz da consciência, pela voz da alma, pela voz da razão, pela voz do sangue de Jesus, pela voz da responsabilidade e pela voz do juízo.

Foram raras as ocasiões em que a teologia do chamado de Deus foi declarada de forma melhor que nessas mensagens. Reflexões lúcidas como essas a respeito dessa grande verdade são necessárias na igreja do nosso tempo. Em uma época em que a metodologia do mundo da publicidade e a imprecisão doutrinária tomaram conta de boa parte do evangelismo contemporâneo, é essencial reafirmar, com base bíblica, o chamado divino do homem pelo seu Criador e Salvador. Qualquer pessoa preocupada com o evangelismo verdadeiro encontrará nestes estudos uma forma de aprimorar seu entendimento das questões fundamentais que o ganhador de almas precisa enfrentar.

1

Um planeta doente e sem sentido: *uma raça decaída sem Deus*

E chamou o SENHOR *Deus ao homem*
e lhe perguntou: Onde estás?

Gênesis 3:9

EMBORA A MENTE HUMANA resista e se ressinta da simples sugestão de que vivemos em um planeta decaído, tudo o que há em nossa consciência, na parte mais íntima do nosso espírito, confirma que a voz de Deus ressoa neste mundo — chamando, buscando, acenando para os homens e as mulheres perdidos.

À primeira vista, o ser humano se pergunta por que é necessário que a voz divina de súplica seja ouvida em toda a terra.

Há apenas uma resposta possível: isso só pode se dever ao fato de que estamos fora do caminho, perdidos e alienados de Deus. Até mesmo o próprio mundo em que habitamos está perdido.

Existem várias razões para acreditar que a terra em que vivemos não passa de um planeta perdido. Encontramos indícios disso em toda a Bíblia e creio que, por meio de um intelecto ungido, essas evidências também podem ser encontradas na natureza.

No Livro de Gênesis, depois do grande fracasso de nossos primeiros pais, Deus disse o seguinte a respeito do nosso planeta, ao falar com Adão e Eva:

> Maldita é a terra por tua causa; [...] Ela produzirá também cardos e abrolhos [...] até que tornes à terra, pois dela foste formado; porque tu és pó e ao pó tornarás (Gênesis 3:17b-19).

Ora, por que essas palavras foram ditas?

Creio que para descrever o planeta que é a nossa habitação. Temos aqui uma pista de que se trata de um planeta perdido.

Gostaria também de citar uma passagem dos escritos de um homem de intelecto profundo, o apóstolo Paulo. Creio que seria aceito na maioria dos círculos que Paulo tinha uma das mentes mais brilhantes e profundas que já escreveram livros nessa terra.

Trata-se de uma passagem do capítulo 8 de Romanos, uma citação extraída da tradução britânica de Williams:

> Este mundo da natureza foi condenado a ser sem sentido, não voluntariamente, mas pela vontade daquele que o condenou, na esperança de que não somente a humanidade, mas também este mundo da natureza, seja redimido do cativeiro da corrupção, para a liberdade da glória dos filhos de Deus. Porque sabemos que todo o mundo da natureza até hoje geme e suporta dores como uma mulher em trabalho de parto.

Portanto, bem antes do nosso tempo, este mundo da natureza foi condenado a existir sem sentido, isto é, na vaidade. Talvez não seja estranho que justamente as palavras que os filósofos gostam de usar sejam utilizadas pelo escritor sagrado — a natureza não tem sentido!

Ainda assim, existe uma promessa gloriosa — dando a esperança de que não somente a humanidade, mas este mundo da natureza será libertado da escravidão da corrupção.

No entanto, existe algo pior que o fato de que este é um planeta doente e decaído: a verdade de que seus habitantes também se encontram nessa mesma situação.

Cremos que Deus nos criou como almas viventes e nos deu um corpo com o qual podemos experimentar o mundo ao redor e nos comunicar. Quando o homem passou pela Queda por causa do pecado, começou a pensar em si mesmo como alguém que *tem* uma alma em vez de *ser* uma alma. Faz uma diferença enorme para o homem acreditar que ele é um corpo que tem uma alma ou uma alma que tem um corpo!

A Bíblia tem uma palavra para essa diferença moral entre Deus e o homem: *alienação*. O Espírito Santo apresenta um retrato terrível dessa alienação pela forma que ela se expressa no caráter humano. A natureza humana decaída é diametralmente oposta à natureza de Deus, que é revelada em Jesus Cristo. Como não existe semelhança moral, não há comunhão, e é daí que vem a sensação de que Deus está longe, em algum lugar no espaço.

Mas, quando falamos sobre os homens estarem longe de Deus, falamos com propriedade. O Senhor disse a respeito de Israel: "O seu coração está longe de mim" (Isaías 29:13), e nessa passagem percebemos a definição de distância em relação a Deus. Essas palavras não se referem a uma distância física, mas à semelhança que se perdeu.

Na verdade, os homens estão perdidos, mas não foram abandonados. Isso é o que as Sagradas Escrituras ensinam, e é isso que a igreja cristã é comissionada a declarar.

A qualquer um que possa duvidar, permita-me perguntar, em nome da razão: parece coerente seres humanos singulares, criados à imagem de Deus, receberem apenas uma breve oportunidade de entrar em campo para jogar?

Pergunto isso sabendo o que Deus diz sobre o potencial do ser humano.

Também sei, é claro, que existe uma teologia, ou uma tonalidade ou matiz de teologia, que se contorce de constrangimento imediatamente após se falar alguma coisa boa a respeito da humanidade. Muitos estão preparados para dizer que você é um liberal ou um modernista — ou pelo menos alguém que beira ao modernismo — se expressar alguma coisa positiva sobre a humanidade.

Depois de muito analisar o assunto, sou de opinião que, não fosse o pecado, dificilmente seria exagero elogiar as qualidades do ser humano. Reflitam sobre quem somos, o que sabemos e podemos fazer: nossas lembranças, imaginações, habilidades artísticas, sensibilidades e potencialidades.

Quando se pensa de forma cuidadosa, não é possível desvalorizar a humanidade sem correr o risco de ser injusto e impreciso. Deus sabe que o pecado é como um câncer no coração do ser humano. Ele arruína o homem e o acaba condenando por toda a eternidade.

Mas o homem não é todo pecado, porque o homem foi feito à imagem de Deus. É verdade que o pecado o arruína e condena à morte para sempre se ele não for remido pelo sangue de Jesus. Mas o homem, por natureza, só fica um pouco abaixo dos anjos e, em alguns aspectos, chega a ser superior a eles.

Por isso, pergunto novamente: parece-lhe razoável que, se o mundo não estivesse perdido, cada ser humano — um Shakespeare, um Churchill, um Thomas Edison ou qualquer um dos grandes pensadores, escritores, artistas ou engenheiros — devesse, como uma criança, receber apenas uma breve oportunidade e depois ser mandado sentar-se enquanto as eras continuam a passar?

Parece-lhe razoável que um ser tão semelhante a Deus como o homem deva obter toda essa habilidade e maravilhosa compreensão simplesmente para ir para o túmulo? Será que ele levará sua memória, sua imaginação brilhante, seus poderes artísticos e criativos e todas as suas características talentosas que o tornam humano para a sepultura?

Será que o Deus Criador perderia o seu tempo investindo nesse ser que Ele gerou somente para lhe dizer: "Estava só brincando com o homem. Eu o criei somente para um dia bem curto. Estava me divertindo um pouco".

Isso não faz sentido para mim.

Por que o ser humano, como o conhecemos, vive constantemente abaixo de seus ideais? Por que está sempre tão longe de ser aquilo que sabe que deveria ser? Por que o homem está condenado a ir finalmente para a sepultura, frustrado e decepcionado, sem nunca ter alcançado seus ideais mais sublimes?

Não dá para afirmar que a humanidade não continua a sonhar com um mundo brilhante à sua frente. Todo homem crê secretamente que esse mundo brilhante se encontra em algum lugar do futuro — mas, mesmo assim, esse mundo se acha sempre perdido para ele ou ele se acha perdido para toda essa luz.

Mesmo os seguidores de Jesus, nos dias em que Ele esteve nesta terra, confessaram: "Senhor, como saberemos para onde vais e como podemos saber o caminho?" (João 14:5).

Não há verdade maior jamais proferida por qualquer homem nesta terra!

A revelação sagrada declara abertamente que os habitantes da terra se acham perdidos. Eles se perdem por causa de uma visitação catastroficamente poderosa do sofrimento que veio sobre eles naquele passado distante e que ainda paira sobre eles.

Mas isso também revela um fato glorioso — o fato de que esta raça perdida não foi abandonada.

Existe uma voz divina que continua chamando. É a voz do Deus Criador que os convida.

Do mesmo modo que o pastor vai por todos os lugares à procura de suas ovelhas e a mulher na parábola foi por toda parte para procurar as suas dracmas, existe uma busca de Deus com muitas variações de voz que nos convida, chamando-nos de volta.

Se não estivéssemos perdidos, não haveria nenhuma voz nos recordando: "Este é o caminho; andai por ele" (Isaías 30:21).

Se não estivéssemos tão longe de casa, a voz do Pai não estaria constantemente nos chamando para voltar, para que retornássemos.

Portanto, repito que não fomos abandonados.

Pense comigo agora sobre o relato de Gênesis: Adão fugindo da face de Deus, escondido entre as árvores do jardim. Foi nesse momento que a voz suave de Deus foi ouvida, dizendo: "Adão, onde estás?" (Gênesis 3:9).

Gostaria de lembrá-lo de que a voz dele, que o procura, nunca se calou. O eco dessa voz ressoa ao longo dos anos. Ela nunca parou de ecoar nos altos e baixos, de geração em geração, de raça em raça, de continente em continente, até alcançar as ilhas e voltar novamente ao continente.

Por todos os anos do homem, o chamado fiel é este: "Adão, onde estás?".

Há muitas vozes, mas, na realidade, trata-se de uma voz somente.

Quando uma criança está perdida no pântano ou na floresta, organizam-se equipes imediatamente para a busca e o resgate.

Quem está por trás da organização dessa busca?

Será que não é o coração da mãe e do pai soluçando de angústia? Eles incentivam os guardas e os voluntários a sobrevoarem com helicópteros, enviarem caminhões com som, organizarem soldados, escoteiros e vizinhos amistosos — sempre chamando, chamando, chamando.

Haverá muitas vozes chamando. Será a voz de um soldado, de um delegado, de um voluntário, de um vizinho — mas sempre no sentido verdadeiro da voz de um pai. Todas as vozes são simplesmente ecos da mesma voz paternal que organizou a busca, cujo coração aflito chama por seu filho perdido.

É isso que acontece com a voz de Deus.

Ela tem várias formas de se expressar.

O homem pode ouvir a voz do amor de Deus, ou a voz do sangue de Jesus, ou a voz da consciência; pode ser a voz dos mortos ou a voz dos vivos, a voz dos perdidos ou a voz dos salvos. Independentemente de qual seja a voz, é apenas mais uma variação da voz daquele que chama.

Trata-se do coração aflito de Deus procurando pela humanidade que se perdeu, chamando homens e mulheres de todas as formas possíveis.

Ele pode chamar desde o alto ou das profundezas; pode, muito bem, chamar desde a curva do caminho, mais adiante na estrada, à beira do rio ou sobre o planalto.

De fato, trata-se da voz de Deus nos atraindo, buscando-nos e sempre nos chamando de volta ao lar.

2

Um dos nossos maiores erros: *medir o amor de Deus pelo nosso*

De longe se me deixou ver o S*ENHOR*, *dizendo: Com amor eterno eu te amei; por isso, com benignidade te atraí.*

Jeremias 31:3

POSSIVELMENTE O PIOR ERRO QUE cometemos como seres humanos seja nossa insistência em tentar medir o amor de Deus por nossos padrões de amor.

Como homens e mulheres, não é verdade que temos uma inclinação maior a amar as pessoas pelo que são — geralmente por causa do seu bom comportamento?

Permitam-me que explique a vocês o que provavelmente acontece quando dizem a um pecador: "Deus realmente te ama".

Essa pessoa dirá o seguinte: "Eu não acredito nisso".

Vocês percebem que ele só consegue medir o amor de Deus pelo seu próprio tipo de amor?

Ele dirá: "Seguro morreu de velho! Eu sei como sou por dentro. Já menti, traí, roubei... já cometi todos os pecados da lista, tanto em ação quanto em pensamento".

"Sou pior do que você imagina; portanto, se o que você identifica como Deus é o Deus moral que a Bíblia diz ser, é impossível que Ele me ame."

Até este ponto, temos de dizer que, por um lado, ele está certo, mas, por outro, está redondamente enganado.

Ele está certo se acreditar que Deus não pode amá-lo por causa de seu pecado. Mas está errado porque não consegue ver que é amado por Deus e por causa do próprio Deus.

Seu equívoco consiste em não conseguir acreditar que Deus pode amar qualquer pessoa, por mais pecadora que seja, por causa do seu próprio nome e do nome do seu Filho.

Ora, gostaria de lhe dizer algumas coisas a respeito do amor de Deus que você não tem ouvido com muita frequência ultimamente.

Já que Deus se constitui na pessoa divina que Ele é, tem de amar a si mesmo em primeiro lugar, porque seu amor é puro, inculpável e perfeito.

Por favor, não venha me dizer: "Ah não, sr. Tozer, não me venha com essa história!".

Porém, é isso mesmo que quero lhes dizer: esse Deus, justamente por ser Deus, um ser que não foi criado, que não vem de ninguém, nem deve nada a ninguém, tem de ser necessariamente a fonte de todo o amor que existe.

É por isso que eu digo que, por ser Deus, Ele tem de sempre amar a si mesmo com um amor puro e perfeito.

Esse tipo de amor, o amor de Deus, santo e inculpável — é o amor que as três pessoas da Trindade sentem e cultivam entre si.

O Pai ama o Filho, o Filho ama o Espírito Santo; o Espírito Santo ama o Pai e o Filho — a Trindade divina vive em amor perfeito, irrepreensível e apropriado; amando uns aos outros com uma devoção santa e intensa.

A Trindade consiste em três fontes eternas e infinitas que se derramam sem medida umas nas outras em um mar de amor perfeito e de bem-aventurança que não tem fundo, nem limites, nem mesmo margens.

Digo que esse é o amor de Deus por seu próprio Ser santo. Deus, sendo quem e o que é, consiste no único ser que pode amar diretamente. Tudo o mais e todos os outros seres que Deus ama, Ele ama em seu próprio nome.

Por isso, podemos acreditar e dizer que Deus ama a si mesmo — e, no que se refere a suas criaturas, o seu amor divino ou perfeito não pode incidir diretamente sobre homem algum.

Deus tem de encontrar algo de si mesmo em alguém para que possa amar. Deus só pode amar a si mesmo e aquilo que se parece com Ele.

Se Deus tivesse de amar e estimar alguém que não fosse como Ele, seria equivalente, em nosso entendimento, a uma mulher pura e santa amando e estimando um homem mau, talvez um gângster assassino.

Deus tem de amar todo aquele que é igual a si mesmo ou se parece com Ele.

Portanto, quando Deus olha para a criação muda que o tradutor chama de mundo da natureza, Ele a ama porque lhe revela parte da glória e do poder de sua própria divindade. Ela manifesta parte da própria sabedoria de Deus.

Quando Deus olha para o sol que Ele criou, para a lua e as estrelas, para os lagos e rios, montanhas e mares, Ele os ama porque tudo isso lhe lembra de seu próprio poder que os gerou.

Entretanto, quando Ele olha para os serafins e querubins e os anjos santos diante do trono, Ele os ama porque eles o fazem lembrar-se de sua própria santidade. Eles são anjos santos, e a santidade deles vem de Deus.

Deus ama neles o que veio dele mesmo. Deus pode amar os anjos santos de modo adequado e com propriedade moral porque eles consistem em seres santos.

Ora, quando Deus considera os homens e as mulheres, Ele ama neles os traços decaídos de sua própria imagem.

É neste ponto que pareço entrar em maus lençóis com muita gente que me escreve e me trata mal dizendo que não passo de um desses liberais que andam por aí.

Entretanto, não tenho formação suficiente para ser um modernista, e estou longe de ser um liberal. Creio que a Bíblia diz o que Deus quis dizer, e fica bem claro nas Escrituras que o Deus vivo e eterno fez o homem à sua própria imagem.

Portanto, quando Jesus Cristo se fez carne, veio a nós com corpo de homem — sem embaraço e sem mudança.

Nós nos perguntamos: "Como isso foi possível?".

Isso se deve ao fato de que o homem é a imagem do Deus, que o criou; a imagem do Deus que disse: "Façamos o homem à nossa imagem" (Gênesis 1:26).

Mas esse homem está decaído — e isso traz outro elemento ao contexto, um elemento alheio que o invadiu de forma sorrateira.

Esse elemento foi o pecado do homem.

Trata-se da picada venenosa da serpente, que vem da cena do fracasso do jardim do Éden. É por isso que o homem, que foi feito à imagem de Deus, passou a ser um homem mortal; ele adoece até morrer por causa do pecado, que, de modo parecido com o veneno de uma víbora, penetrou em suas veias morais.

No entanto, se extrairmos o pecado e o tirarmos de cena, teremos novamente a imagem de Deus, e Jesus Cristo era a verdadeira imagem de Deus, pois era um homem sem pecado.

Tudo isso equivale à verdade bíblica — não temos nisso nenhum modernismo e nenhum liberalismo.

Afirmo não serem amigos da Bíblia aqueles para quem o homem caído não mais carrega as marcas do potencial original que ele foi um dia. Eles mesmos são culpados de lidar com as Escrituras Sagradas de forma leviana.

Além disso, é verdade que, quando Deus olha para o pecador com um olhar de amor, de nenhum modo — enquanto as estrelas existirem — é possível dizer que Deus ama o pecado que está nele.

Nunca se pode dizer que o Deus santo ama algo profano.

Mesmo assim, porém, Deus ama os pecadores — o que nos leva a questionar novamente a razão disso tudo.

Deus os ama pelos resquícios da sua imagem perdida e decaída que vê neles, porque Deus não pode amar nada senão a si mesmo de forma direta.

Deus ama tudo o mais pelo seu próprio nome.

Você é amado por Deus, mas isso acontece em nome do Filho santo Jesus, que é o Deus encarnado, a segunda pessoa da Trindade, o Verbo que se fez carne e habitou entre nós.

Deus vê em Jesus Cristo o que você teria sido: ou seja, Ele vê isso em sua perfeição humana, não na divindade dele. Você e eu nunca poderíamos ser divinos nesse sentido.

No entanto, essa é a razão pela qual Deus ama os perdidos. Ele não os ama passando por cima dos seus pecados, nem exercendo nenhuma atitude de descuido, nem por nenhuma vontade da sua parte de afrouxar seus padrões morais — Ele os ama porque um dia Ele se levantou e disse: "Façamos o homem à nossa imagem" (Gênesis 1:26).

Deixe-me contar uma história que pode ilustrar isso dentro da nossa própria experiência humana.

Digamos que um homem e uma mulher se conheçam e, depois de se apaixonarem um pelo outro, casam-se e têm um filho, um menino.

Eles ficam muito felizes ao contemplarem a beleza do menino. Os dois dizem que se parece com eles mesmos. Depois, eles alternam o comentário dizendo que a criança se parece mais com o pai ou mais com a mãe.

Entretanto, ele é filho dos dois, e os dois tentam enxergar semelhanças entre eles mesmos e aquela criança.

Os anos se passam e o menino cresce e atinge a idade adulta. Chega o momento de ele romper seus laços com a sociedade. Ele escolhe andar fora da lei. Passa a beber, jogar, mentir, roubar, trair — e depois a matar também. Passa a ser um foragido da justiça, conhecido como uma pessoa terrível e cruel.

O pai desse homem morre antes de ele ser pego e lançado na prisão, mas a mãe enlutada lhe faz uma visita.

Ela sabe que ele está perdido. Todas as provas estão contra ele, com impressões digitais por todo lado, umas mil testemunhas. Seu filho pagará pelos seus crimes.

A mulher olha por entre as grades. É o seu filho que está lá, agora um homem crescido.

Será que ela tem como amar seus atos criminosos cruéis?

Será que ela tem como amar seus atos desalmados de bandidagem?

Será que ela tem como amar sua crueldade fria?

É óbvio que não. Ela odeia tudo isso de todo o coração.

No entanto, enquanto ela o observa por entre as grades, encolhida e quieta, enxerga, bem no fundo da sua memória, o homem que não está mais com ela e pensa: "Se ele tivesse sido um bom homem, ele teria sido a cara do pai".

Você percebe que, nesse momento, com certeza ela se põe a chorar?

Ela ama aquele filho — mas não ama nenhuma das coisas que o levaram a ser um criminoso.

Ela ama a imagem do homem a quem amava e a quem se dedicou com a promessa de lhe ser fiel até que a morte os separasse.

Sabemos que Deus observa do céu a raça humana e nos vê em nosso estado terrível de pecado. O apóstolo Paulo registrou dezessete atos que ele descreve como obras da carne — mas eles nada mais são do que o começo de tudo.

Seriam necessárias muitas folhas de papel para escrever a lista imensa e horrorosa de pecados que o homem tem sido capaz de cometer e que vive praticando.

Deus ainda está observando e ainda abomina o ciúme, o engano, a mentira, a gula, a corrupção, a impureza, o crime e a crueldade.

Nunca deve passar pela nossa cabeça que Deus ama os pecadores de maneira descuidada, leviana, tola; com o pensamento indiferente de que, no final de contas, Ele nos ama e tudo irá bem.

De modo nenhum. Acho que é óbvio que Ele os ama porque vê, dentro dessas pessoas, a imagem daquilo que Adão era e a imagem de Cristo e os ama de forma redentora, em nome de Jesus.

Com base no amor e na graça de Deus, ninguém deve sair pelas ruas, proclamando de forma orgulhosa: "Deus me ama — eu sou um fundamentalista!".

Tome bastante cuidado!

Seus pecados levaram para longe e tiraram todo o direito que você tinha de ser amado por Deus, mas o que Deus vê dentro de você é a semelhança do homem que um dia foi levantado da terra e procurou por alguém que o socorresse. Ele foi feito à imagem de Deus, e Deus não se envergonhava dele.

Assim, agora Deus vê a imagem do homem que foi ao madeiro e morreu entre o céu e a terra — o seu Filho Unigênito.

Portanto, Deus não ama você por causa do que é ou por aquilo que faz. Por isso, humilhe-se diante dele — isso realmente valerá a pena!

Ah, como devemos agradecer a Deus pelo amor que vem até nós por mediação de Jesus Cristo Homem. Esse amor eterno que não é eterno somente no seu alvo, mas também na sua qualidade.

Deus se compromete a amar e amará o homem até que o inferno apague o último resquício de sua imagem que permanece no ser humano. A humanidade está perdida no momento — não ousemos esquecer isso. No entanto, os homens ainda são alvo do amor divino, e até mesmo o homem com o pior histórico ainda recebe o mesmo amor em nome de Jesus, porque Jesus morreu naquele madeiro pelos seres humanos perdidos em todos os lugares.

Não podemos escapar das palavras de longa data de Deus: "Com amor eterno eu te amei" (Jeremias 31:3).

Esse amor é eterno porque aquele que ama é o Deus eterno.

Ora, considerem o fato de que Deus já não ama mais o diabo.

Houve um tempo em que Deus amou o diabo do mesmo modo que Ele ama os anjos e os arcanjos, porque via — naquele ser criado por Ele — traços e evidências de sua própria sabedoria.

Embora não tenha sido uma imagem de Deus no sentido que o homem é, o diabo era chamado de querubim da guarda, de quem Deus disse: "Minha sabedoria e formosura foram criadas em ti no dia em que foste criado".

Antes de sua rebelião total contra o seu Criador, o diabo era amado porque era um reflexo daquilo que Deus poderia fazer e uma prova de sua arte moral e de suas habilidades oniscientes.

Entretanto, o diabo pecou — e pecou de tal modo que apagou para sempre tudo o que estava dentro dele que poderia trazer orgulho para Deus.

É por isso que Deus não pode mais amar o diabo. Ele não enviou nenhum redentor para ele, porque não existe nada em Satanás que possa fazer lembrar Deus de si mesmo. O último traço daquilo que poderia fazer isso foi levado pelas águas imundas do porão da iniquidade, com o passar dos séculos.

Crendo nisso, há muito tempo tenho refletido sobre o amor contínuo de Deus pelos homens e mulheres perdidos por quem Cristo morreu.

Gostaria de compartilhar com vocês uma especulação sobre o futuro, e por se tratar de uma simples especulação, vocês não precisam concordar comigo a respeito dela.

Acredito que virá o tempo em que Deus não amará mais os perdidos!

Acredito que agora Deus ama todos os perdidos. Eles estão nas prisões, nas penitenciárias e nos hospícios. Eles estão nos bares e nas casas de má fama, e em todas as circunstâncias e ambientes, Deus ama todos eles porque as últimas marcas de sua origem ainda não foram apagadas. Ele ainda se lembra delas e de seu Filho no madeiro, sofrendo em um corpo como o deles.

Ele ainda lembra que a segunda pessoa do ser divino foi encarnada no Homem, que tinha um corpo como o dessa pessoa, mas sem pecado.

A Bíblia diz que está vindo o dia em que continuará "o imundo ainda sendo imundo" e "o santo [...] a santificar-se" (Apocalipse 22:11).

Portanto, virá o dia em que o homem perdido já não será mais amado pelo Deus Altíssimo; porque Deus deve amar tudo em seu próprio nome, se é para continuar sendo Deus.

Precisamos encarar o fato de que, quando uma pessoa se vende ao pecado, e o poder mutilador da iniquidade opera a ponto de transformá-la em um demônio, e não em um ser humano, Deus deixará de amar essa alma perdida.

Além disso, é preciso dizer que não devemos imaginar, nem por um segundo, que Deus ficará se lamentando sobre o inferno e se entristecerá em seu coração por causa dos homens perdidos que lá estiverem. Nada está mais longe da verdade.

Deus lamenta pelos perdidos agora, porque a pessoa ainda pode orar, crer, esperar, sonhar e ansiar; portanto, ainda existe algo que Ele pode associar ao Homem que morreu no madeiro.

Entretanto, quando tudo isso se for, não sobrará nada para que Deus derrame o seu amor. Não haverá nenhuma imagem, nenhuma reação, nenhuma recepção desse amor.

Portanto, o amor de Deus, embora venha de uma fonte eterna, não mais iluminará o homem perdido.

Permita-me apontar outro fato: onde o amor estiver, também deve haver boa vontade. Via de regra, as pessoas nunca fazem algo realmente ruim para aqueles a quem amam verdadeiramente. O amor sempre é acompanhado de boa vontade, e creio que corresponde à verdade dizer que Deus transborda boa vontade.

Lemos nos jornais de vez em quando sobre o tipo de homem que mata uma mulher porque ela olhou para outro homem, e a sua desculpa ao tribunal é a seguinte: "Eu a amava tanto que a matei!".

O amor verdadeiro nunca matou ninguém! O amor nunca deseja o mal! Ele sempre deve estar acompanhado de boa vontade — e Deus está a ponto de transbordar de tanta boa vontade que Ele tem. Isso significa que, toda vez que pensamos nele, Ele sempre está pensando em nós. Quando os anjos cantaram ou entoaram seu maravilhoso cântico, a mensagem foi: "paz na terra entre os homens, a quem ele quer bem" (Lucas 2:14).

Mas, quando se tenta dizer ao pecador que Deus o ama e transborda de boa vontade em relação a ele, ele duvida desse amor porque o avalia somente mediante sua própria experiência humana.

É preciso uma boa formação teológica para fazer com que as pessoas vejam e entendam que Deus não as ama porque estão tentando ser boas. Muitos parecem acreditar que Deus tem de amá-los porque eles tentam cultivar bons hábitos, sempre agradaram à mamãe e ao papai, ou porque sempre tiveram boas notas na escola. Sua atitude parece ser a seguinte: "Acho que dá para entender por que Deus me ama".

A verdade é que Deus realmente ama você — mas por uma razão completamente diferente. Ele o ama porque percebe em você algum resquício daquela glória que um dia caminhou no jardim do Éden. E, embora ela tenha sido perdida e deformada pela Queda, e você esteja a caminho do inferno, Deus o ama por causa de si mesmo — e não por sua causa.

O amor de Deus é exclusivo neste universo, porque Ele nos ama em seu próprio nome.

Onde há esse tipo de amor, existe boa vontade — e também existe anseio.

Quem, além de Deus, poderia nos dizer: "por isso, com benignidade te atraí" (Jeremias 31:3)?

Ele nos atrai para si mesmo. Existe um chamado bem claro para esta raça perdida e para este mundo perdido. Nada pode impedir que essa atração aconteça: nem o caráter, nem a reputação, nem o passado — nada pode atrapalhar, exceto o nosso próprio pecado.

Deus chama você para uma mudança de direção. Ele chama você para fazer uma reviravolta. Ele chama você para se entregar à sua misericórdia. Não venha esperando trazer um montão de testemunhas a respeito do seu caráter para contar a Deus o quanto você é bom.

Basta vir como o filho pródigo voltando para casa, que estava disposto a confessar: "Pai, eu pequei!".

Você gostaria de pedir sinceramente a Deus para afastar seu coração das coisas desta terra? Você pediria a Ele que falasse com a parte mais íntima da sua alma e lhe dissesse mais uma vez: "Eu sou o seu amor. Eu sou o seu Deus. Eu sou o seu tudo"?

A voz do amor de Deus continua a convidar você — esse amor poderoso, que equivale ao próprio Deus, chamando-o de volta à cruz e ao perdão na casa do Pai.

3

A presença do Espírito Santo: *um testemunho santo, silencioso e eloquente*

Quando ele vier, convencerá o mundo do pecado, da justiça e do juízo.

João 16:8

O Espírito Santo, a quem Jesus também chamou de Espírito da Verdade, não veio a este mundo para passear. Ele estará presente onde quer que o povo do Senhor se reunir e, para confirmar a Palavra e a Presença de Deus, ele exigirá uma ação moral.

É por esse motivo que, quando o homem vai a uma reunião evangelística, ele nunca sabe quando a última desculpa será retirada da sua consciência despojada e trêmula para sempre. Os homens podem fazer piadas e brincar — até mesmo a respeito de questões espirituais —, mas o Espírito de Deus opera em plena seriedade.

Deus ainda está falando neste mundo perdido, e uma das suas vozes se constitui na presença do Espírito Santo, convencendo a raça humana perdida de questões importantes, como o pecado, a justiça e o juízo. Embora o Espírito Santo continue em seus ministérios, sabemos que este mundo perdido ainda não foi abandonado.

Dissemos que Deus está falando à humanidade com mais do que uma voz, mas é necessário afirmar também que a voz mais clara, mais diferenciada e mais facilmente discernida é a do Espírito Santo. O chamado, a repreensão e a convicção do Espírito Santo dão um sentido grave e sério a todas as outras vozes que chamam os homens de volta para Deus.

Se não fosse pela presença do Espírito Santo falando pela consciência dos homens e das mulheres, nenhuma outra voz teria importância.

Isso ocorre porque o Espírito Santo, o Consolador divino, veio para confirmar as palavras, a obra e a pessoa de Cristo.

Ora, as palavras do Senhor Jesus Cristo eram tão elevadas, tão impressionantes e tão cheias de autoridade que não são comparáveis às palavras de nenhum outro mestre religioso. Outros mestres estabeleceram seus sistemas religiosos — alguns em proporção maior e muitos em menor nível —, mas as palavras e os ensinos de Jesus estão em uma categoria à parte.

Francamente, as declarações que Ele fez mostram de forma imediata que ou Ele é Deus, ou uma pessoa mentalmente desequilibrada. As declarações autoritativas que Ele fez superam as declarações de todos os outros mestres religiosos do mundo.

Ele mesmo disse a respeito do seu corpo: "Destruí este santuário, e em três dias o reconstruirei" (João 2:19).

Ele disse aos que o ouviram: "Eu via Satanás caindo do céu como um relâmpago" (Lucas 10:18).

Ele declarou com autoridade: "Antes que Abraão existisse, Eu Sou" (João 8:58).

Ele predisse: "e verão o Filho do Homem vindo sobre as nuvens do céu, com poder e muita glória" (Mateus 24:30b) e "todas as nações serão reunidas em sua presença, e ele separará uns dos outros, como o pastor separa dos cabritos as ovelhas" (Mateus 25:32).

Ninguém nunca foi capaz de dizer: "Não vos maravilheis disto, porque vem a hora em que todos os que se acham nos túmulos ouvirão a sua voz e sairão" (João 5:28).

Ninguém jamais falou dessa maneira!

Portanto, o Espírito Santo vem como um testemunho silencioso, penetrante e imediato das palavras de Cristo, e a tranquilidade penetrante do Espírito divino é mais terrível do que o grito mais alto do telhado de uma casa.

Com certeza, o Espírito Santo está confirmando aqui as palavras de Jesus, e esse é o motivo pelo qual todos os críticos estão confusos. É por isso que Deus imediatamente refuta aquele que duvida e faz alguma tentativa de rasgar a Palavra de Deus. O Senhor afasta a vida interior desse homem, de modo que, quando ele fala, fala como um tolo, porque não se ouve a voz penetrante do Espírito Santo em suas palavras.

O Espírito Santo também se encontra entre nós para confirmar as obras de Jesus em sua consciência.

Não há como negar que, em seu ministério terreno, Jesus foi um operador de milagres poderoso. Ele ressuscitou mortos, purificou leprosos, transformou água em vinho e alimentou uma multidão multiplicando alguns pedaços de pães.

Os fariseus não tentaram negar os milagres que Ele realizava. Não havia como negá-los — pois o homem que momentos antes era cego, agora andava entre eles, enxergando perfeitamente. Não se pode negar um fato que se pode tocar, sentir, examinar e investigar.

Os fariseus simplesmente diziam: "Ele faz a sua obra pelo poder do diabo".

O Espírito Santo veio para confirmar e autenticar a qualidade divina dessas obras milagrosas de Jesus e demonstrar que Ele é o próprio Deus, aquele que fez o mundo e que podia fazer o que bem entendesse com ele.

Então, existe a confirmação da pessoa de Cristo, que é a mais importante de todas, a força mais reveladora que já viveu no mundo, em um nível mais alto do que todos os personagens grandiosos da história.

O Espírito Santo veio para fazer uma obra confirmatória, ressuscitou Jesus dentre os mortos e, já que esse testemunho misterioso chegou, a divindade de Jesus deixou de ser uma dúvida. Não se trata mais de uma questão como "Jesus era o Filho de Deus?".

O Espírito Santo tirou tudo isso da área da polêmica e colocou na área moral. O testemunho silencioso e imediato, essa voz penetrante na consciência do homem, nos diz que essa pessoa realmente era o próprio Filho de Deus.

Logo que Pedro foi cheio do Espírito Santo, imediatamente se levantou e pregou de um modo que nunca tinha pregado anteriormente, afirmando que aquele homem a quem haviam crucificado é o Cristo de Deus, ressuscitado dentre os mortos para ser Senhor e Cristo.

Da mesma forma, assim que Paulo foi cheio do Espírito, passou a argumentar e a provar, pelas Escrituras, que Jesus era o Filho de Deus — que o Messias tão esperado deveria ser o Filho de Deus, e que esse homem era Jesus.

De fato, o testemunho do Espírito Santo favorece o senhorio e a divindade do Filho de Deus. Jesus Cristo não precisa de mais livros que provem que Ele era Deus. Não precisa de advogado que defenda sua causa diante do tribunal hostil deste mundo. Nem mesmo precisa de testemunhas que se levantem e digam: "Eu sei que Ele era o Filho de Deus".

A prova da filiação de Jesus foi retirada da esfera do intelecto e colocada no lugar ao qual sempre pertenceu — na esfera da moralidade.

Além disso, foi o Espírito Santo que a colocou nesse nível. Ele veio, conforme Jesus prometeu, e está presente entre nós. Ele pode se entristecer e pode se afastar de alguns lugares, mas está presente — e se constitui em uma testemunha silenciosa, santa e eloquente.

Então, Jesus Cristo não está mais debaixo de julgamento diante dos homens; agora, os homens é que estão sendo julgados por Ele.

Pode parecer estranho e maravilhoso, mas aquele que compareceu diante de Pilatos agora faz com que Pilatos se apresente diante dele. Aquele que defendeu sua causa diante do mundo hostil agora está assentado e julga esse mesmo mundo.

Ele transferiu a questão religiosa para o coração. Ele se assenta no trono na forma de Homem, portanto poderíamos reconhecê-lo em um instante, e Ele se encontra naquele lugar investido de toda a autoridade e de todo o poder, com o direito pleno para julgar.

Além disso, em nosso mundo, ainda há o testemunho santo do Espírito, que, em todas as coisas, fala a favor desse Homem que agora está assentado no trono.

Ora, creio com todo o meu coração na historicidade do evangelho cristão, mas isso não quer dizer que o destino eterno do indivíduo dependa de evidência histórica. O Espírito Santo se encontra aqui e agora para convencer o mundo, de modo que tratamos os avisos do Espírito Santo do mesmo modo que tratamos o próprio Jesus Cristo.

Se a fé tem de se basear em um homem conhecendo evidências históricas suficientes para chegar a uma crença acadêmica na divindade de Jesus, então relativamente poucas pessoas seriam salvas. Porém, não tenho de ser especialista acadêmico, nem em lógica, nem mesmo um advogado, para vir a crer na divindade do Senhor Jesus Cristo, porque o Espírito Santo tirou a divindade de Cristo da mão dos especialistas e a colocou na consciência dos homens. O Espírito de Deus veio para retirá-la dos livros de história e escrevê-la nas tábuas da carne do coração humano.

Tenho certeza de que você sabe que os missionários vão a regiões onde há comunidades que não leem nem escrevem. Quando eles proclamam a história de Jesus, pregando as boas-novas de Jesus Cristo como a resposta final para o pecado, o Espírito Santo é fiel no seu testemunho do pecado, da justiça e do juízo. Esses povos primitivos nunca ouviram falar de Roma nem da Grécia. Não têm nem ideia de onde fica Jerusalém. Nunca ouviram falar de Abraão, nem de Davi. Porém, quando o missionário conta a história de Jesus, da cruz e do perdão dos pecados, eles começam a tremer e transpirar, na convicção de que são pecadores.

Quando essas comunidades isoladas colocam a fé em Jesus Cristo como Salvador, são transformadas e mudam da água para o vinho. Aprendem a ler e começam a entoar cânticos que falam do Senhor Jesus. Fundam igrejas. Esses companheiros maravilhosos e fortes que nasceram na selva passam a ser diáconos, presbíteros e pregadores nessa igreja.

Agora lembrem-se: esses povos isolados não tinham conhecimento amplo de história, nem grau acadêmico, nem capacidade de avaliar os fatos segundo as leis da evidência como as conhecemos hoje.

Deus é poderoso para fazer suas obras fantásticas do seu próprio modo, e o Espírito Santo veio a este mundo para remover a polêmica do meio acadêmico e trazê-la de volta ao coração humano. A fé do crente na divindade e na pessoa de Jesus não se baseia na sua capacidade de passear pela história e chegar a conclusões lógicas a respeito de fatos históricos. O Espírito Santo brilhará nele como um relâmpago, ofuscando-o com o seu clarão maravilhoso.

Foi isso que Jesus quis dizer com estas palavras: "O meu ensino não é meu, e sim daquele que me enviou. Se alguém quiser fazer a vontade dele, conhecerá a respeito da doutrina, se ela é de Deus ou se eu falo por mim mesmo" (João 7:16b-17).

Essa é a razão pela qual o Espírito Santo veio e continua presente, e eu acho que essa é uma das verdades mais importantes que podem ser ensinadas no mundo atual. Muitas vezes me surpreendo com a quantidade de pregadores e ensinadores nos círculos cristãos que parecem tão empenhados em fazer com que a divindade de Cristo se baseie em evidências históricas. Acho que eles não devem discernir que o Espírito Santo tirou completamente essa questão da área da lógica e a colocou como um ponto flamejante na consciência do homem. Isso não consiste mais em um problema intelectual; trata-se de um problema moral.

Ademais, tenho outra mensagem para você neste momento: não vamos nos encher de falsa humildade e tentar afirmar que somos um bando de tolos que nem frequentaram a escola. Agostinho tinha uma mente brilhante. Lutero era versado em vários idiomas, tanto no latim quanto no alemão.

Não, de jeito nenhum! Você não precisa esvaziar a mente para que ela se torne cristã. Temos muitas maneiras de usar a mente que Deus nos deu. Então, cuide muito bem da sua!

No entanto, digo mais uma vez: ela não será usada na área das evidências divinas. É o Espírito Santo que se encarrega disso.

Quando o Senhor Jesus estava aqui nesta terra, todos os seus ministérios para os homens e mulheres eram extremamente sinceros. Quando Ele ascendeu ao céu, assentou-se com um,a sinceridade plena e solene à direita da majestade nas alturas. Depois o Espírito Santo nos foi enviado, essa onda de luz esclarecedora que encerra dentro de si toda a essência do Pai e do Filho. Então, quando o fogo repousou sobre cada um dos crentes e eles não tinham mais o que questionar — pois sabiam que Jesus era o Filho de Deus, Messias e Salvador —, tomaram conhecimento disso de forma instantânea. Eles tinham sentido isso antes, mas nunca tiveram certeza. No entanto, naquele instante tiveram a confirmação necessária.

Estas são as coisas importantes — a confirmação, pelo Espírito Santo acerca do pecado, da justiça e do juízo.

Permita-me assegurar que o Espírito Santo não veio habitar entre nós para se envolver em uma série de questões secundárias, como as coisas banais que tomam boa parte da nossa atenção.

O Espírito Santo não se faz presente para os apoiarem em suas esquisitices pessoais e picuinhas sobre interpretações proféticas. O Espírito Santo não pode ser usado para seus argumentos sobre certo tipo de batismo. Já me recusei a me envolver em discussões e controvérsias sobre a segurança eterna da salvação, porque quero que o Espírito Santo me ajude e me oriente, e Ele não me ajudará se eu teimar em divagar nessas áreas que não se constituem como prioridades da fé e da proclamação cristãs.

Ora, muitas pessoas acreditam que estão fugindo da convicção do Espírito Santo por meio do fingimento. Muitos fingem dizendo: "Estou buscando a luz".

Na maioria dos casos, o problema não reside em haver falta de luz. O problema geralmente acaba sendo moral — mas é justamente aí que homens e mulheres tentam se esconder e escapulir: pelo fingimento.

Na verdade, a incredulidade é o sinal e a prova do pecado.

Por outro lado, a fé salvífica não consiste em uma conclusão extraída de fatos que nos são apresentados; ela se constitui em um dom de Deus para o homem ou a mulher que se arrepende.

Existem algumas coisas sinceras que precisam ser ditas a respeito da fé salvadora em nossos dias, porque até mesmo nos círculos cristãos evangélicos existe um equívoco básico a esse respeito.

Trata-se da simples questão de fazer com que as pessoas vão à frente quando se faz o apelo. Isso se resume a simplesmente colocá-las de joelhos.

Então, o que acaba acontecendo?

Alguém vem correndo com um Novo Testamento com as passagens certas marcadas, gruda um texto no nariz da pessoa e faz a seguinte pergunta exigente:

— E aí? Quem foi que disse isso?

A pessoa ajoelhada diz:

— Acho que foi Deus.

— Você crê em Deus?

— Sim.

— Bem, e então? Você acredita nesse texto?

— Sim, tenho de acreditar nele, porque acredito em Deus.

— Então, está bem! Pode se levantar e dar o testemunho.

Em muitos casos, a pessoa se levanta com uma fé intelectual que não pode salvar.

Continuo a me opor a esse tipo de ensino — o tipo que tira os pintinhos do ovo e os deixa morrer. Continuo a questionar esse tipo de prática que tenta usurpar a obra do Espírito Santo, afastá-lo e expulsá-lo.

Esta é a época em que se considera o Espírito Santo antiquado. Nós o aposentamos e dissemos: "Obrigado, nós temos a nossa Bíblia, a nossa Almeida perfeitinha, e não precisamos mais do Senhor até o milênio!".

Outros estão afirmando que não é o problema do "pecado", mas o problema do "Filho" que está assolando a humanidade.

Esta declaração tem sido atribuída a um pregador da nossa época: "O pecado não faz mais sentido para Deus. No Calvário, o pecado foi espancado até a morte e pereceu. Desde o Calvário até agora, o pecado não faz mais sentido para Deus".

Ele pode ter sido um homem bom, mas se revelou um completo tolo ao dizer isso.

O problema entre Deus e o homem sempre tem sido o problema do pecado, desde aquela hora terrível no jardim. É verdade que, quando a questão do pecado é uma resolvida, a questão do Filho surge rapidamente — de uma forma muito feliz!

O Espírito Santo trata conosco nessas três áreas fundamentais: o pecado, a justiça e o juízo.

O Espírito Santo confirma o fato de que houve somente um Homem verdadeiramente santo e justo no mundo — e Ele teve de ir embora. Eles o perseguiram para o expulsar deste mundo. Eles disseram: "Esse homem não nos ridicularizará moralmente".

Eles o pregaram em uma cruz — e Ele morreu pelos seus pecados.

Agora, o Espírito Santo está presente para convencer o mundo daquele ato que não foi perdoado, o ato de crucificar o único homem verdadeiramente santo do mundo, porque Ele foi santo sem ter sido santificado.

Pode haver homens santos e justos na atualidade. Um homem pode ser justo agora por ter sido justificado pela fé salvadora naquele que nunca teve de ser justificado.

O fato de que haverá um julgamento futuro é ridicularizado e ignorado por milhões que tentam silenciar a voz do Espírito.

Os homens zombam dizendo o seguinte: "É ridículo pensar em Deus como um contador ou um arquivista, registrando pequenas entradas e a data de cada pecado".

O Deus onisciente do universo vê tudo de forma perfeita. Ele conhece as batidas do coração de cada pessoa; Ele conhece cada pensamento, cada ação e cada feito de todos. Logo, seu juízo não se constituirá em uma coisa difícil para o Deus vivo. Ele já sabe de tudo isso — e o Espírito Santo está presente na terra para nos convencer dessa verdade e para confirmá-la em nosso coração.

O Espírito Santo ainda está entre nós com um poder transformador para aquele que ouve a mensagem do evangelho e realmente crê nela.

O Espírito ainda resgata a consciência dos homens do lamaçal profundo do seu passado. Ele ainda converte. Ainda regenera. Ainda transforma. Ainda faz de torrões mortos verdadeiros cristãos.

É trágico que tentemos nos esconder dele nas cavernas e nas covas da terra, entre as árvores do jardim. Igualmente trágico é que homens e mulheres endureçam tanto o coração que não consigam sentir, e se façam tão surdos que não consigam ouvir.

Há muitos que estão ouvindo a voz de Deus, mas insistem que o "caminho" deve ser facilitado para eles.

Escutem uma coisa! Se o inferno é aquilo que Deus diz que é, se o pecado é o que Deus diz que é, se Jesus Cristo teve de morrer para salvar o pecador, será que é pedir demais que você se levante e permita que a congregação saiba que você está dando as costas para o pecado?

É claro que essa insistência não faz sentido, porque Jesus nunca ensinou que seu povo poderia criar algum atalho fácil. Ele não disse que podíamos entrar no reino de Deus engatinhando pelas beiradas. Isso é um absurdo!

Se Jesus Cristo é o seu Salvador, Ele tem o direito de receber seu testemunho corajoso, porque Ele disse: "Se alguém quer vir após mim, a si mesmo se negue, tome a sua cruz e siga-me" (Mateus 16:24 e Marcos 8:34).

Se não estiver disposto a fazer isso, você é covarde demais para ir para o céu.

A Palavra do Sen, então,hor não é fácil, mas é segura; humilhe-se a si mesmo e o Senhor se aproximará de você!

4

O sangue de Jesus clama por misericórdia e perdão

E disse Deus: Que fizeste? A voz do sangue do teu irmão clama da terra a mim.

Gênesis 4:10

E a Jesus, o Mediador da nova aliança, e ao sangue da aspersão, que fala coisas superiores ao que fala o próprio Abel.

Hebreus 12:24

A REVELAÇÃO DE DEUS PARA o homem é bem clara, declarando que a vida provém de Deus e que o sangue é o símbolo dessa vida. Portanto, nossa vida humana é sagrada porque, na verdade, nos foi emprestada pelo próprio Deus.

Por esse motivo, o crime violento de derramar o sangue de outra pessoa e tirar a vida de alguém é um dos pecados mais graves e destrutivos de que trata a Bíblia.

O tema da culpa pelo sangue consiste em um tema recorrente na Bíblia e aqui temos dois conceitos. A imagem do Antigo Testamento é a do sangue de Abel, que foi assassinado, clamando por justiça; a imagem do Novo Testamento é a do sangue de Jesus Cristo, o Salvador e Mediador, clamando desde o trono de Deus por misericórdia.

Não podemos refletir adequadamente sobre a voz do sangue de Jesus sem começar pelo próprio Deus, o lugar em que toda a teologia verdadeira começa e no qual todos os sermões deveriam começar.

Ora, eu sei que algumas pessoas já disseram sobre mim: "Esse homem está sempre falando sobre Deus!". Só posso dizer em resposta a isso que, se essa é a única acusação que alguém pode trazer contra mim, ficarei muito contente.

Eu sei que falo muito sobre Deus — sobre o Deus triúno, porque ainda creio em Deus. Eu acredito nele como o Deus todo-poderoso, o Pai, e Jesus Cristo, seu Filho e nosso Senhor, e o Espírito Santo, o Consolador.

Começamos com Deus aqui, onde toda a verdade começa, porque Deus é a única realidade verdadeira e absoluta. Por trás de tudo, e por baixo de tudo, apoiando todas as coisas, Ele amarra, sustenta e guia o universo.

É isso que Deus faz! Essa é a única explicação para o universo e para a vida humana, porque, como Ele é o nosso Criador, concede significado e importância à vida humana.

Ele é o sentido sagrado que traz validade a todos os outros. Quando se exclui Deus do nosso pensamento, nós nos achamos sem nenhum senso dos valores morais — nenhum padrão de certo ou de errado.

Quando se remove Deus do nosso pensamento, o bem é igualado ao mal, e o mal é igualado ao bem. A mentira será como a verdade, e a verdade será como a mentira. Tire Deus de cena e ficará impossível provar que o amor é melhor que o ódio.

Se tirarmos Deus do nosso pensamento, não saberemos se a vida é melhor do que a morte, ou se determinada coisa realmente existe.

Portanto, começamos com Deus e Deus é vida. Toda vida que existe é vida de Deus. Ele vivificou todos os seres vivos, e o fato incrível é que Deus empresta a vida sem de fato abandoná-la.

Na esfera humana, temos a noção de que, se dermos alguma coisa, nós a abandonamos pelo tempo que estiver longe de nós.

Mas Deus empresta sem entregar nada. Deus concede vida a você, mas continua sendo a vida que Ele dá. Então, Ele não perde nada quando a concede.

A mesma coisa acontece com tudo o mais. Deus é poder, mas, quando Ele lhe dá poder, não perde esse poder. Ele dá sabedoria, mas não a perde quando a dá. Ele concede graça, mas não se separa de sua própria graça. Ele a mantém enquanto lhe dá porque é Ele que dá a si mesmo.

É isso que acontece com tudo — sabedoria, ser, poder, santidade e qualquer qualidade que Deus concede ao homem. Deus está constantemente doando de si mesmo a nós porque Ele é vida.

A vida realmente é sagrada, mas não a compreenderemos de forma plena se não crermos e confessarmos que ela é um presente de Deus. Existe uma grande verdade envolvida nisso para os seres humanos — porque a vida eterna pode ser descrita de um modo melhor quando temos Deus na alma.

Um dos antepassados puritanos antigos [Henry Scougal] nos trouxe a seguinte expressão: "A vida de Deus está na alma do homem — e é nisso que consiste o cristianismo". Quando Deus nos dá a sua vida, não nos dá no sentido de a cortar de si mesmo — Ele não conhece nenhuma diminuição, nem da sua vida nem do seu ser, porque Ele nos dá de si mesmo.

Ora, conhecemos o relato bíblico de como Caim avançou contra Abel, seu irmão, e o matou de modo sangrento. Sabemos também que a ação de Caim não foi ignorada, muito menos esquecida — porque o Senhor o confrontou com estas palavras: "A voz do sangue de teu irmão clama da terra a mim" (Gênesis 4:10).

Em uma época posterior, quando o rei Davi foi achado culpado de vários pecados graves, ele teve de colocá-los diante de Deus em confissão e oração. Como homem, ele era culpado de trapaça, engano e deslealdade; ele era culpado de adultério seguido de assassinato.

Quando Davi lançou seu rosto em terra para confessar o seu pecado e se arrepender, tudo isso foi resumido em sua oração sincera: "Livra-me dos crimes de sangue, ó Deus" (Salmos 51:14).

Davi foi tomado de compulsão, o remorso que o levou aos joelhos foi sua própria consciência de que ele era culpado por ter violado os preceitos sagrados da vida e tê-la retirado de alguém — culpa de sangue!

Onde quer que existam crimes de sangue no mundo, pode ter certeza de que há problemas na sociedade.

A esta altura, alguns de vocês podem estar esperando que eu comece a falar sobre a controvérsia moderna a respeito da pena de morte em nossa sociedade.

Não quero entrar no mérito dessa questão.

Só me limito a dizer que creio na Bíblia. No Antigo Testamento, estava claro que o único modo de lidar com crime de sangue é por meio de vingança. O sangue de Abel clamava da terra contra o homem que tinha derramado aquele sangue.

Deus escreveu na lei dos patriarcas antigos, mesmo antes da lei de Moisés, que, se um homem derramasse o sangue e tirasse a vida de outro, morreria por esse derramamento. O assassino é um invasor presunçoso dos princípios sagrados da vida. Já que Deus é vida, o assassino, em algum sentido, invade a própria presença de Deus e leva aquilo que ninguém tem o direito de tomar, exceto a mão de Deus.

O crime de sangue coloca um peso imenso e desastroso sobre a sociedade, porque a voz do sangue é a voz da vida, e a voz do sangue derramado equivale à voz da vida que foi violada.

Só tenho a voz e a opinião de um homem, mas temo pelo futuro de nossas grandes nações neste continente, em que nossas leis estão dando pouco valor ao pecado e as autoridades estão deixando os crimes se acumularem com um sentimento leniente se espalhando por muitas áreas.

Existem gângsteres e matadores que se orgulham de seus vários crimes, e as autoridades prendem um dos criminosos e lhe dizem: "Você é um menino mau — você não pagou o seu imposto de renda!".

Enquanto isso, a voz eloquente do sangue derramado clama ao Deus Altíssimo!

O derramamento de sangue sempre foi um pecado grave, porque a vida está no sangue e Deus deu vida ao mundo, e a coisa mais próxima da vida é o sangue. Portanto, a coisa mais próxima de matar Deus é matar o homem, que é imagem de Deus.

Não tenho muito medo de que qualquer nação ou aliança de nações possa destruir os Estados Unidos e o Canadá por uma ação militar externa. O que realmente temo é a omissão — pecamos e pecamos, e não se faz nada a respeito disso. Existe muito pouca noção da necessidade de arrependimento — muito pouco peso para que a vontade de Deus seja trazida para a nossa vida nacional. Temo que a voz do sangue se tornará tão eloquente que o Deus Altíssimo não terá escolha senão falar a palavra que nos julgará.

Oro com muita frequência: "Ó Deus, manda um avivamento de arrependimento, e que o temor de Deus invada o continente para que sejamos poupados e possamos te honrar!".

Deus realmente ouve a eloquência do sangue e a eloquência da vida violada. E lembre-se de que Deus sempre agirá à sua maneira — não existe outra!

Deus se fez carne e habitou entre nós.

Ele tinha dito: "O que farei com essas pessoas manchadas de sangue? O que farei com esse mundo manchado de sangue? O que farei com aqueles que entraram no lugar santo e derramaram o sangue de homens que fiz à minha imagem?".

Deus disse: "Eu sei — eu mesmo irei e me tornarei um deles. Levarei sobre mim mesmo a forma de homem e terei sangue circulando em minhas veias. Não será o sangue manchado de Adão, mas o sangue puro de um segundo Adão".

Portanto, o nosso Senhor veio, nascido da virgem Maria. Não se passa um dia da minha vida sem que eu expresse minha gratidão a Deus por ter enviado o seu Filho, Jesus, que se fez carne para habitar entre nós e morrer por nós.

Ele veio para o que era seu, mas os seus não o receberam.

Mas Ele esteve aqui, e digo que, em suas veias, corria o sangue triplamente santo do Filho do Homem imaculado e sem pecado. Mas, em nosso lugar, toda a corrupção moral do mundo, toda a poluição moral deste mundo, foi colocada sobre aquele corpo santo e atribuída àquela alma santa, porque as Escrituras dizem que "Ele deu a sua alma como oferta pelo pecado" (cf. Isaías 53:10).

O Salvador não ofereceu somente o seu corpo, mas também ofereceu a sua alma para a redenção da humanidade. Ele levou todas as ofensas da raça humana contra Deus e uns contra os outros naquela cruz — as ofensas de Caim contra Abel; de Esaú contra Jacó; de Davi contra Urias; de Judas ao trair o seu Senhor; as ofensas de todos aqueles que mataram os mártires no decorrer dos séculos; os pecados e as ofensas de todos nós.

Ah, eu não acho que acreditamos nem na metade disso tudo!

Acho que, se acreditássemos pelo menos na metade disso, seríamos transformados. Isso nos comoveria e nos tomaria por completo, de modo que não poderíamos mais falar sobre as coisas comuns desta vida. Nossa mente ficaria se maravilhando sobre isso de tal maneira que as coisas do cotidiano não nos interessariam mais. Estaríamos constantemente agradecendo e honrando a Ele, porque levou todas as ofensas e corrupções naquela alma e naquele corpo santo.

Todos nós revelamos os resquícios que permaneceram do nosso próprio farisaísmo quando apontamos para pessoas como Caim, Nero, Hitler e as nossas piores ofensas, que foram colocadas sobre o nosso Senhor Jesus Cristo, mas deixamos de mencionar que fizemos parte da sua cruz, independentemente de quanto parecemos tranquilos ou incapazes de fazer mal a alguém.

Um dos maiores poetas alemães de duzentos anos atrás, Goethe, resumiu tudo isso para nós quando ele escreveu o seguinte: “Nunca ouvi falar de algum pecado sendo cometido sem ter uma consciência muito profunda de que eu tinha essa semente dentro de mim".

Estamos em posição mais bem-aventurada com o nosso Salvador, que nos perdoa quando ousamos ser honestos, dizendo isto a Ele: "Ó, meu Senhor querido, tenho o potencial de todos esses pecados dentro de mim! Não cometi nenhuma dessas coisas, mas tenho essa semente dentro de mim. Perdoa-me, purifica-me e guarda-me para a tua glória!".

É isso mesmo! A voz de Jesus e a voz do seu sangue estão rogando por nós, e lembre-se do seguinte: a voz de Jesus não equivale à voz de um homem morto.

O Espírito Santo, por meio do Apóstolo Pedro, acusou a geração da época de Jesus com as seguintes palavras: "Varões israelitas [...] Jesus, o Nazareno, varão aprovado por Deus diante de vós [...], vós o matastes, crucificando-o por mãos de iníquos (Atos 2:22-23)".

Eles não cometeram assassinato, apesar de ter sido isso que queriam fazer. Foi um sacrifício que foi oferecido, Deus fez da cruz um altar e o condenado foi feito um Cordeiro. Foi um Homem que se ofereceu sobre um altar de sacrifício, não um homem que morreu na cruz pelo seu próprio pecado. Ele foi o único homem que não tinha pecado de morte. Ele morreu e derramou seu sangue pelo sangue violado.

Já disse que temo pela sociedade humana atual, que acumula o derramamento de sangue violado, mas também tenho essa esperança em meu coração.

Lembro-me de que, no sangue de Cristo, o sangue do mundo foi derramado. Às vezes, cantamos o seguinte:

> Pão do mundo, partido em misericórdia,
> vinho da alma, derramado em misericórdia,
> por quem foram proferidas as palavras de vida,
> e em cuja morte matou nossos pecados.

Paulo estava se referindo a nós quando disse estas palavras: "Pois o amor de Cristo nos constrange, julgando nós isto: um morreu por todos; logo, todos morreram. E ele morreu por todos, para que os que vivem não vivam mais para si mesmos, mas para aquele que por eles morreu e ressuscitou" (2Coríntios 5:14-15).

Portanto, o sangue de Cristo era o nosso — e essa é a teologia do Novo Testamento para a vitória do crente. Essa é a teologia que eu experimentei como jovem na Aliança.

Essa é a teologia que me diz que eu e Cristo estamos juntos, de modo que, quando Ele morreu, eu morri também, e, quando Ele ressuscitou, eu também ressuscitei! Esta é a doutrina da vitória espiritual e não existe outro modo para que se encontre a vitória consistente.

A vitória espiritual só vem pelo conhecimento de que nós morremos.

Eu tenho de morrer! Eu tenho de morrer!

Não é verdade, como alguns parecem pensar, que Deus pode fazer uma espécie de transferência e dizer: "Bem, deixarei que esse Homem morra em seu lugar para que você simplesmente seja liberto e não tenha mais nenhuma relação com isso".

Essa não é exatamente a maneira pela qual Deus realizou tudo isso.

O que Ele fez foi me unir a esse Homem, Jesus Cristo, pela maravilha e pelo mistério da encarnação da sua parte, e a regeneração da nossa.

Ele nos uniu a esse Homem, de modo que, quando Ele morreu, nós morremos. Não se tratou somente de uma transferência, nem somente de um ato vicário — constituiu-se em uma realidade!

As Escrituras dizem que todo crente pode considerar que morreu em Cristo. Dedique algum tempo para estudar Romanos, capítulos 5 a 8. Você verá por si mesmo que esta é a doutrina da Bíblia: quando Cristo tomou a natureza humana, possibilitou-nos a elevação à divindade — não nos tornamos deuses, mas fomos unidos a Deus.

Deus conta a morte de Cristo como se fosse a nossa, e Ele conta o sacrifício que Cristo fez como se tivesse sido feito por mim.

Volto a dizer: "Pois o amor de Cristo nos constrange, julgando nós isto: um morreu por todos; logo, todos morreram. E ele morreu por todos, para que os que vivem não vivam mais para si mesmos" (2Coríntios 5:14-15a).

Nenhum homem tem mais direito de pecar — a voz do sangue de Jesus agora é eloquente, uma das vozes mais eloquentes na mente humana.

Onde quer que se encontre a igreja de Cristo, onde quer que se cantem seus louvores e a oração dos santos seja feita, ouvimos a voz do sangue de Jesus rogando de forma eloquente e testemunhando que, "no sangue de Cristo, os pecados do mundo morreram".

Ah, se os homens e mulheres simplesmente cressem!

Quando é que perceberemos e confessaremos que todo pecado passou a ser uma incongruência moral?

Por sermos crentes, espera-se que morramos com Jesus Cristo, nosso Senhor. Quando nos unimos a Ele no novo nascimento, também nos unimos a Ele na sua morte. Quando nos unimos com a sua ressurreição, deve ficar bem claro para nós que o pecado passa a ser uma incongruência moral na vida do cristão.

O pecador peca porque está à solta no mundo — e nunca morreu. Ele está à espera da morte e morrerá uma vez; e, mais tarde, sofrerá a segunda morte.

Entretanto, o cristão morre uma vez e só passará por essa morte. Ele morre com Cristo, morre em Cristo e juntamente com Cristo, de modo que, quando dá seu último suspiro, a Bíblia diz que ele não verá a morte.

Deus cobrirá os olhos de todos os cristãos quando chegar o momento — eles nunca verão a morte. O cristão para de respirar e existe um sepultamento, mas ele não vê a morte — porque já morreu em Cristo quando Cristo morreu, e ressuscitou em Cristo quando Cristo ressuscitou.

É por isso que o pecado consiste em uma incongruência moral na vida e na conduta do cristão. Trata-se de uma doutrina e de uma teologia completamente desconhecida para aqueles cujo cristianismo não passa de um botão ou de uma flor na lapela — algo completamente superficial.

Creio que o evangelho de Jesus Cristo me salvou completamente — portanto Ele me pede um compromisso total. Ele espera que eu seja um discípulo totalmente dedicado.

Se estamos unidos com Cristo, como poderemos ser uma pessoa diferente dele? O que Ele faz, eu faço. Para onde Ele nos direciona, nós vamos. Esse é o cristianismo verdadeiro!

O pecado passa a ser uma ofensa contra o sangue santo. Pecar se torna crucificar novamente o Filho de Deus. Pecar, agora, é desprezar o sangue da expiação. O pecado de um cristão equivale ofender a vida santa que foi oferecida por Ele. Não consigo acreditar que o cristão queira pecar.

Todas as ofensas contra Deus ou serão perdoadas ou vindicadas — podemos fazer a nossa escolha. Todas as ofensas contra Deus, contra nós mesmos, contra a humanidade, contra a vida humana — ou todas elas serão perdoadas ou serão vingadas. Existem duas vozes — uma pedindo vingança e outra clamando por misericórdia.

Que coisa terrível é para homens e mulheres envelhecerem sem nenhuma perspectiva, sem uma promessa graciosa para a longa eternidade que os espera.

Mas como é lindo amadurecer de forma saudável e saber que a casa do Pai está aberta, com as portas escancaradas, e que o Pai espera receber seus filhos uns após os outros.

Há alguns anos, pude ouvir um dos nossos irmãos nativos da Tailândia dando seu testemunho. Ele disse qual foi o valor para a sua vida e para o seu futuro quando os missionários vieram com as boas-novas do evangelho de Cristo.

Ele descreveu a vida piedosa de um dos primeiros missionários e depois disse: "Ele está agora na casa do Pai".

Ele relatou a respeito de uma das senhoras missionárias e sobre o amor de Cristo que ela demonstrou, e depois disse: "Ela está agora na casa do Pai".

Que visão maravilhosa para um cristão humilde cuja geração anterior fora pagã, adorando ídolos e espíritos — e agora, por causa da graça e da misericórdia, ele fala sobre a casa do Pai como se estivesse logo ali, a um passo, do outro lado da rua.

Esse é o evangelho de Cristo — o tipo de cristianismo no qual acredito. Que alegria foi descobrir que Deus não está irado conosco e que somos seus filhos — porque Jesus morreu por nós, porque o sangue de Jesus fala coisas melhores do que o sangue de Abel. Que bênção descobrir que a misericórdia de Deus fala mais alto do que a voz da justiça! Que esperança esta que torna possível para o povo de Deus se deitar calmamente quando a hora chegar e suspirar: "Pai, estou voltando ao lar!".

Ah, deveríamos valorizar mais o sangue do Cordeiro, porque é por esse sangue que somos salvos; pela expiação que foi realizada por meio desse sangue.

Vocês sabem que incentivo vocês a cantarem algumas músicas antigas de acampamento com uma teologia e uma mensagem simples. Esta é uma delas:

> A cruz, a cruz, a cruz manchada de sangue,
> a cruz sangrenta eu vejo,
> lembrando-me do sangue precioso
> que um dia por mim foi derramado.
> Milhares e milhares de fontes jorram

do trono do Senhor,
mas nenhuma a mim traz bênção tal
como o sangue do Salvador.

Esse sangue de valor sem par
pagou meu resgate então.
Quando eu era escravo do pecado,
salvou-me com redenção.

Pela fé, esse sangue agora vem
qual rio a me lavar;
nenhuma culpa deixa ficar:
louvemos sem cessar!

Tema tão grande vai ocupar
meu coração, meu Deus,
e o céu inteiro há de entoar
louvores ao sangue de Jesus.

(De John Stockton e William MacDonald)

O sangue de Jesus Cristo continua a clamar de forma eloquente. À direita de Deus-Pai, não creio que Jesus, nosso grande sumo sacerdote, precise falar e falar... Tenho certeza de que sua intercessão por nós se encontra em suas duas mãos furadas pelos cravos.

Quando os filhos de Deus violam a aliança, Deus ouve a voz do Filho de Deus ferido e perdoa, mas será que isso é razão para que sejamos descuidados? De modo nenhum! Nunca enquanto o mundo continuar de pé.

Nós, cristãos, devemos ser o povo mais limpo, mais puro, mais justo e mais santo de todo o mundo. Isso porque o sangue de Jesus pode limpar nossos pecados "qual rio a me lavar; nenhuma culpa deixa ficar: louvemos sem cessar!".

5

A base da consciência humana: *a presença de Cristo no mundo*

Como insistissem na pergunta, Jesus se levantou e lhes disse: Aquele que dentre vós estiver sem pecado seja o primeiro que lhe atire pedra.

E, tornando a inclinar-se, continuou a escrever no chão.

Mas, ouvindo eles esta resposta e acusados pela própria consciência, foram-se retirando um por um, a começar pelos mais velhos até os últimos...

João 8:7-9

O INIMIGO DE NOSSA ALMA por muito tempo tem usado um tipo de propaganda sutil que dá uma ilusão de aprendizado para trazer desprezo e descrédito a muitas verdades da vida — e, entre elas, está a consciência.

Quando a consciência humana é mencionada nos círculos letrados do nosso tempo, essa menção só é acompanhada de um sorriso amarelo.

Para que possamos tratar o assunto da consciência humana com seriedade, é necessário defender o conceito em si. Isso parece quase inacreditável — mas é verdade!

Pessoalmente, não tenho como ignorar o que a sabedoria universal da raça humana aprovou em todas as épocas: a ideia de uma consciência moral dentro de todo ser humano.

Nem sinto no meu coração que tenho de defender aquilo que as Escrituras Cristãs têm como certo e ensinam de forma coerente em todas as suas páginas. Se você usar uma concordância bíblica, poderá observar que a consciência é mencionada em um grande número de passagens. Além disso, a ideia que a palavra "consciência" transmite aparece por toda a Bíblia como parte da sua trama.

Em primeiro lugar, devemos estudar o que queremos dizer com essa palavra, depois apontar para o exemplo bíblico para vê-la em ação e, por fim, demonstrar que é uma voz que chama a humanidade.

Acho que se deve dizer a respeito da consciência que ela nada mais é que uma noção moral; que sempre trata do certo e do errado e da relação do indivíduo com esses conceitos. A consciência nunca trata de teorias sobre coisa nenhuma.

Você também notará uma coisa estranha no registro bíblico: a consciência sempre é citada no singular, nunca no plural, como nesta declaração: "eles... depois de serem convencidos pela própria consciência, foram embora".

Sempre é verdade na Bíblia que a consciência se refere ao certo e ao errado, de forma individual, pessoal e singular.

A consciência nunca deixa você se basear em outra pessoa. Ela sempre destaca você da multidão como se ninguém mais existisse.

João não registra que os escribas e fariseus se afastaram como grupo quando Jesus disse: "Aquele que dentre vós estiver sem pecado seja o primeiro que lhe atire pedra" (João 8:7). Eles foram embora um por um. Cada um se afastou levado pela sua própria consciência.

Nesse sentido, a palavra "consciência" implica uma visão moral. Significa ver completamente. Denota uma noção secreta e interior, e acho que poderíamos chamar isso de definição psicológica de consciência.

Entretanto, não é esse o nosso interesse nesta lição. Queremos estudar e aprender algo mais a respeito da base da consciência humana — e creio que essa base equivale à presença secreta de Cristo no mundo.

Isso explica a razão pela qual a consciência consiste em uma noção moral.

Isso me leva a um versículo bem básico na minha teologia, que é João 1:9: "a saber, [Jesus é] a verdadeira luz, que, vinda ao mundo, ilumina a todo homem".

Jesus é a luz que está no mundo, e a sua presença secreta ilumina todo homem que vem ao mundo.

Essa é a base da consciência moral. Sempre que ela entra em ação, essa é a base. É desse modo que os homens e as mulheres neste mundo têm uma noção secreta dos valores morais.

Existem alguns mestres da Bíblia que insistem que, quando a Bíblia diz que estamos mortos em delitos e pecados, isso significa que estamos mortos no sentido bem literal da palavra. O ensino deles é o seguinte: o pecador, por estar morto, não tem consciência alguma.

Acho que esse tipo de exegese é tão ruim e tão confuso que não dá margem para refletir sobre as Escrituras. Não acho que se pode fazer a Bíblia dizer que o homem que está morto no pecado é um homem completamente morto — ou seja, uma pessoa que não pode ser persuadida nem convencida, com quem não se pode argumentar, apelar, convencer ou sequer assustar.

Quem pode dizer que a pessoa que ainda não veio a Cristo não passa de um traste sem vida?

Estar morto no nosso pecado significa que fomos cortados da vida de Deus — e isso é tão ruim que é impossível pensar em algo pior.

Mas esse homem que está morto no pecado, cortado da vida de Deus, tem uma noção moral. Ele realmente ouve uma voz interior secreta. A luz que ilumina todo homem que vem ao mundo — essa é a voz singular dentro de todo ser humano, que acusa o homem ou o absolve, conforme diz o Apóstolo Paulo.

É isso que quero dizer com a palavra consciência.

No capítulo 8 de João, temos um exemplo bíblico impressionante da consciência em ação.

Os escribas e fariseus afirmavam que eram moralistas exigentes, e realmente pareciam ser assim diante dos homens. Eles queriam silenciar Jesus e desacreditar os seus ensinos, por isso arrastaram uma mulher em situação vergonhosa diante da sua presença e disseram: "Mestre, esta mulher foi apanhada em flagrante adultério. E na lei nos mandou Moisés que tais mulheres sejam apedrejadas; tu, pois, que dizes?" (João 8:4-5).

Jesus olhou para os acusadores e sabia tudo o que havia no coração deles. Ele sabia que eles não tinham nenhuma consideração por aquela mulher em situação deplorável, nem estavam pensando em guardar a lei que tinha sido violada. Ele sabia que nem passava perto da mente deles a religião nem a sociedade de Israel.

Ele sabia que eles só tinham um propósito em mente: desacreditá-lo para sempre. Ele sabia que a mulher não passava de um joguete no plano deles. Eles não tinham amor nenhum por ela e também não tinham nenhum ódio pelo seu pecado. Entretanto, eles odiavam Jesus e fariam tudo para apanhá-lo em alguma coisa.

Eles achavam que eles tinham uma armadilha perfeita. Se Jesus dissesse: "Apedrejem essa mulher até a morte", e eles fizessem isso, os governantes romanos imediatamente lançariam Jesus na prisão e esse seria o seu fim.

Se Jesus dissesse: "Despeçam-na!", eles poderiam acusá-lo dizendo o seguinte: "Sempre soubemos que você era contra a Lei de Moisés!". Se eles pudessem desacreditar seus ensinos sobre a Lei de Moisés, esse seria o fim dele em Israel.

Jesus conhecia bem o ódio que eles cultivavam, sua hipocrisia e o tipo de esquema que haviam preparado. Ele não tinha nenhuma consideração por suas pretensões externas — orando em público para que fossem vistos e ouvidos, pela sua aparência de falsa santidade e por seu ar piedoso.

Entretanto, eles estavam ansiosos para que Jesus dissesse alguma palavra. Eles acreditavam que a arapuca estava bem armada.

Acho que Jesus olhou para cada um bem nos olhos naquele momento — e tenho de acreditar que havia um brilho no coração, se não nos olhos de Jesus.

Em primeiro lugar, Ele se inclinou e, com o seu dedo, escreveu alguma coisa na areia.

João registra que eles estavam ansiosos e impacientes, porque continuaram pressionando-o, pedindo para que Ele respondesse.

Jesus simplesmente disse: "Companheiros, quem nunca pecou atire a primeira pedra".

No seu registro, João diz exatamente estas palavras: "Mas, ouvindo eles esta resposta e acusados pela própria consciência, foram-se retirando um por um" (João 8:9a).

Cada um dos acusadores saiu silenciosamente por si mesmo — cada um deles tinha vergonha até mesmo de trocar alguma palavra com o seu companheiro. Cada um sozinho — porque faz parte do poder da consciência isolar a alma humana e remover todas as suas esperanças, auxílios e incentivos.

Alguns desses religiosos aparentemente piedosos tinham achado que, por serem adultos e terem se esquecido de seus pecados do passado, Deus também os tinha esquecido. Porém, logo que a voz de Jesus lhes provocou por dentro, eles se lembraram e foram saindo de mansinho, com medo de olhar para o alto e começar a levar pedradas do próprio Deus.

Na verdade, a lei mosaica de apedrejamento nunca teve a intenção de permitir que um homem ímpio atirasse pedras em uma mulher ímpia. Nunca teve a intenção de que um pecador levasse outro pecador à morte — e Jesus sabia disso.

Peço desculpas se minha linguagem é direta, mas me vem à mente que, quando esses antigos hipócritas atacaram Jesus, foi como se um gato estivesse indo em direção de um cortador de grama. Enquanto fugiam, cada um deles estava lambendo suas feridas de convicção e de consciência.

Portanto, é assim que esse negócio de consciência funciona. A consciência impacta a vida interior. Ela toca o coração. Isola o indivíduo. Coloca-nos à parte, sozinhos.

Esse é o terror da consciência, e eu acho que será a solidão cósmica da alma perdida diante de um Deus irado que colocará o inferno em juízo.

Ora, estou refletindo sobre o que aconteceu e fez com que os cristãos não acreditassem mais na consciência humana.

Estou me referindo ao fato de se ridicularizar a consciência humana no mundo, por causa da propaganda do inferno, de modo que até mesmo as igrejas têm medo de admitir que ela existe.

Mas a Bíblia continua firme — ela não tem medo de admitir a verdade a respeito da consciência.

A Bíblia diz sem papas na língua: "Ouvindo eles esta resposta e acusados pela própria consciência, foram-se retirando um por um" (João 8:9).

Esses homens foram constrangidos pela consciência, abalados por dentro como se tivessem sido impactados pelo céu. Eles tiveram de sair daquele lugar para se afastarem do impacto.

A consciência é aquela voz interior que continua falando dentro do nosso ser — e ela merece algo melhor da nossa parte do que zombaria e humor.

Devemos ter consciência, a esta altura, de que uma das maneiras que o diabo dispõe para descartar alguma coisa é fazendo piada sobre ela. Todos nós precisamos ser avisados com frequência sobre a corrupção da nossa mente pela exposição a jornais, revistas e ao entretenimento em geral.

Existe um humor legítimo, e todos podemos admitir isso. Acho que temos senso de humor por um dom da parte de Deus.

Mas, sempre que o humor aborda algum assunto santo, passa a ser diabólico. Uma das piadas bem articuladas que você já deve ter ouvido afirma que a consciência é aquela parte de você que se sente culpada quando você é pego. Espera-se que isso seja engraçado, mas não tem graça alguma. É trágico que muitos tenham cedido à propaganda do inferno de se divertir com algo que é bastante sério.

Eu respeito a integridade de Emerson, aquele cidadão da Nova Inglaterra que nunca permitia que se brincasse com amor ou morte em sua presença. Devemos concordar com ele que existem algumas coisas que não são exatamente adequadas para usar em uma piada.

Uma delas é justamente a consciência, o poder que Deus colocou no interior do ser humano e que é capaz de isolar uma alma e colocá-la entre o céu e o inferno, tão solitária quanto se Deus nunca tivesse criado nenhuma outra alma. A luz que ilumina os homens não é tema de piada.

A presença eterna, universal e vivificante de Cristo não é motivo de chacota. Essas coisas são sérias demais para que as abordemos de modo leviano.

Existem muitas coisas das quais podemos rir no mundo, inclusive da política — que geralmente é engraçada de qualquer modo. Entretanto, verifique se você não está rindo de alguma coisa que o próprio Deus leva muito a sério.

Lembre-se de que a consciência se posiciona sempre ao lado de Deus — sim, foi isso que eu disse: sempre ao lado de Deus. Ela julga a conduta com base na lei moral, e, conforme a Bíblia diz, acusa ou absolve.

Não é demais dizer que cada um de nós, cada pessoa que veio ao mundo, ouviu uma voz de Deus igual à voz de Jesus quando esteve aqui na terra.

Digo isso porque muitas pessoas parecem pensar que são enganadas: "Ah, se eu pudesse ter ouvido A. B. Simpson ou Dwight Moody".

Meu irmão e minha irmã no Senhor, vocês já ouviram a primeira e a última voz. Você já ouviu a voz da consciência interna. Já passou por uma iluminação moral por causa daquele que, pela sua presença, ilumina os homens. Você sabia que havia dezenas de milhares que ouviram Jesus quando estava na terra, mas não tiveram a mínima ideia do que Ele estava falando?

Você sabe que alguns de seus próprios discípulos tiveram de esperar pelo Espírito Santo em Pentecostes para saber e entender o que Jesus havia falado com eles?

Jesus garantiu a seus discípulos: "Convém-vos que eu vá" (João 16:7).

Voltar para aquele dia no passado remoto não é a resposta para a necessidade dos crentes na igreja cristã de hoje. Com certeza, Deus está tratando com muitos que precisam dar lugar à sua voz interior e ouvi-la, e fazer alguma coisa a respeito do que ouvem.

A Bíblia nos diz várias coisas que os homens podem fazer com a sua consciência.

Em Timóteo, lemos o seguinte: "Ora, o intuito da presente admoestação visa ao amor que procede de coração puro, e de consciência boa, e de fé sem hipocrisia. Desviando-se algumas pessoas destas coisas, perderam-se em loquacidade frívola" (1Timóteo 1:5-6).

Algumas pessoas se desviaram de uma boa consciência. Essas se acharão entre os cristãos que vivem de forma descuidada. Todos os sermões no mundo serão inúteis se não houver uma consciência boa e limpa para receber a verdade.

Timóteo também escreveu, pelo Espírito, sobre "a hipocrisia dos que falam mentiras e que têm cauterizada a própria consciência" (1Timóteo 4:2).

Com frequência, vemos que esses homens e mulheres com a consciência cauterizada serão levados a falsas doutrinas.

Imaginamos como é possível para um homem que esteve em comunhão com a Palavra da verdade se afastar de repente para alguma religião falsa.

Quem sabe seus amigos dirão que sua mente estava confusa, mas devemos ser honestos sobre isso — porque as falsas doutrinas não têm nenhum poder para influenciar uma boa consciência.

Entretanto, quando uma consciência fica cauterizada, quando alguém brinca com fogo e queima sua consciência a ponto de calejá-la até mexer com o ferro em brasa do pecado sem recuar, não existe mais segurança para ele.

Tito escreveu em sua carta sobre aqueles para quem nada é puro, "porque tanto a mente como a consciência deles estão corrompidas" (Tito 1:15). Essa passagem de Tito fala sobre uma corrupção interna, revelada em pensamentos impuros e uma linguagem contaminada. Tenho tanto medo de alguém com a língua suja quanto daqueles com alguma doença contagiosa.

Na verdade, os lábios impuros são sintoma de uma doença espiritual mais profunda, e Tito continua nos dizendo que aqueles que têm as consciências corrompidas são reprovados, são ondas que morrem na praia, são um fracasso moral.

Que alívio é ler em Hebreus o incentivo: "aproximemo-nos, com sincero coração, em plena certeza de fé, tendo o coração purificado de má consciência e lavado o corpo com água pura" (Hebreus 10:22).

Uma consciência purificada, com certeza, é uma coisa graciosa para os homens e as mulheres conhecerem neste mundo.

Uma das coisas que mais aliviam, enriquecem, curam e nos maravilham na nossa experiência é aquele sentido de alívio quando o peso é retirado e a consciência se liberta — quando Deus dá liberdade a uma consciência que foi má, doentia e contestadora.

Pedro escreveu sobre isso, chamando de "a indagação de uma boa consciência para com Deus, por meio da ressurreição de Jesus Cristo" (1Pedro 3:21b).

Esse é o tipo de conversão em que acredito — você saberá quando os seus pecados forem purificados e perdoados pelo sangue do Cordeiro, meu irmão!

Você pode levar o seu pecado e a sua má consciência a algum sacerdote e ele o absolverá. No entanto, ele só é capaz de dar a sua consciência um farrapo religioso para se vestir; e, se, em algum momento, você se acertar com Deus, a voz da consciência voltará a alertá-lo quanto a isso.

Ah, existe uma voz interior que tanto acusa como justifica e, quando ela se sente perdoada, você pode se levantar e saber que tudo está bem. Uma transação foi realizada dentro do espírito humano. De repente, o coração reconhece que está limpo, o peso é retirado da mente e existe uma sensação verdadeira de que o céu se agrada de nós, de que Deus está sorrindo e os pecados se foram.

Uma transação dentro do espírito humano — esse é o tipo de perdão no qual acredito.

Certa vez, visitei uma igreja em um culto ao meio-dia na cidade de Nova York e ouvi algo que nunca esquecerei.

Um ministro que falava naquele dia declarou: "Partimos do princípio de que, se um homem ouviu o evangelho cristão, ele foi iluminado, mas essa é uma premissa falsa. O simples fato de ouvir um homem pregar a verdade escrita na Bíblia não significa necessariamente que a pessoa foi iluminada".

A voz de Deus precisa falar de dentro para trazer a iluminação. Tem de ser o Espírito de Deus falando silenciosamente dentro da pessoa — é isso que faz com que a pessoa se inclua na mensagem e a torna responsável diante de Deus. Somente as palavras de um texto passando pelo ouvido humano podem não significar nada.

Há muitos anos, o homem piedoso Horatius Bonar escreveu: "A consciência cauterizada se constitui na herança do pecador. É sobre ela que o Espírito Santo toca em primeiro lugar quando desperta a alma do sono da morte. Ele toca a consciência e depois os conflitos da convicção de pecado se iniciam. Em seguida, ele a pacifica pelo derramar do sangue, apresentando a ela Jesus e a sua cruz. Depois, quando lhe dá o gosto do perdão, ela passa a descansar de todos os seus tumultos e de todos os seus medos".

Acredito que Deus, de algum modo, vinculou essas duas realidades: a voz da convicção do pecado na consciência e o Espírito Santo, o ponto de contato, testificando dentro do ser humano. A pessoa não é iluminada até que essa voz comece a ressoar dentro dela.

Os homens e as mulheres precisam ser avisados de que pode ser fatal silenciar essa voz interior. É sempre perigoso resistir à consciência dentro de nós, mas pode ser fatal silenciá-la, continuando a ignorar essa voz que fala dentro do coração.

6

O cristão é um realista: *ele vê as coisas como elas são*

Lavai-vos, purificai-vos, tirai a maldade de vossos atos de diante dos meus olhos; cessai de fazer o mal. Aprendei a fazer o bem; atendei à justiça, repreendei ao opressor; defendei o direito do órfão, pleiteai a causa das viúvas.

Vinde, pois, e arrazoemos, diz o S*ENHOR; ainda que os vossos pecados sejam como a escarlata, eles se tornarão brancos como a neve; ainda que sejam vermelhos como o carmesim, se tornarão como a lã. Se quiserdes e me ouvirdes, comereis o melhor desta terra.*

Isaías 1:16-19

AS PESSOAS, COM SUAS VÁRIAS ideias diferentes, têm oferecido uma infinidade de definições para a palavra "razão".

O dicionário diz que a razão está ligada à compreensão e à inferência, a uma mente sadia, à intenção e ao juízo, à base da realidade que torna um fato inteligível.

Já pensei bastante sobre a razão e deduzi uma pequena definição que acho que pode expressar muito bem esse conceito para nós: "A razão consiste em um reconhecimento sábio das coisas do modo que elas são".

Se isso é verdade, então os crentes são as pessoas mais racionais de todas — e eles é que são os verdadeiros realistas.

Se isso é verdade, então, no final das contas, os cristãos não são sonhadores! Eles são os realistas verdadeiros, porque insistem que as coisas sejam resumidas ao seu núcleo de realidade.

Os cientistas se orgulham de ser realistas; eles testam tudo e trazem as coisas à realidade. Entretanto, o cristão genuíno é um realista mais sadio e verdadeiro do que o cientista pode ser, porque o cristão afirma aquilo que sabe que é verdade.

O cristão quer saber o que é verdade a respeito da vida; o cientista quer saber o que é verdade sobre a vida, mas somente por meio da lógica.

O cristão quer saber o que é verdade sobre a vida em suas relações mais amplas e eternas. Ele quer saber a respeito dos seus pecados — onde estão e o que aconteceu com eles. Ele quer saber sobre Deus, o juízo, o seu próprio relacionamento com Deus, com a imortalidade e com a vida eterna.

A sua insistência em saber se encaixa na razão, porque a razão nada mais é que o reconhecimento sábio das coisas como elas realmente são — não como parecem ser.

Aqui preciso denunciar o fato de que é o mundano, o não salvo, quem realmente vive de forma irrealista, pois precisa passar a vida toda fingindo. Se fosse inventar algum título para dar ao *genus homo*, o ser humano, sem salvação e fora de Cristo, eu o chamaria "o grande fingidor".

Por exemplo, ele tem de fingir por toda a vida que não morrerá. Ele tem de dar andamento a essa atuação dia após dia, mês após mês. Isso fica longe de se constituir em um realismo; trata-se do tipo mais confuso de fantasia que os homens podem cultivar.

O que acontece conosco? — os homens continuam agindo dentro desse fingimento de que nunca morrerão, mesmo sabendo que essa é a única certeza da vida e um fato.

Entretanto, o cristão passa a ser um realista.

Ele já está preparado para o próximo capítulo. Ele já fez a sua mala e está pronto para partir. Na verdade, você pode vê-lo em algum lugar, sentado sobre a sua mala, perto dos trilhos. Ele sabe com certeza que o trem está chegando e que não o deixará na estação.

Ele é o realista; o outro é o que cultiva sonhos mortais ou fatídicos.

Ao longo de toda a sua vida, o pecador é forçado a fechar os olhos e fingir que não vê. Ele é forçado a encobertar, esconder, fugir, distorcer e dar uma roupagem nova. Quando ele ouve falar que o seu amigo caiu duro no campo de golfe, engole em seco e se refugia em suas cordas vocais masculinas, dizendo: "Isso é muito ruim!".

Ele paralisou de medo quando ouviu isso porque percebeu que pode ser o próximo.

Esse homem não é realista. Ele não passa de um hipócrita fingido e mentiroso — e é forçado a continuar assim por toda a vida.

É o crente que lida com as coisas do modo que elas são. Ele não está na defensiva. Na verdade, é o mundano, ou o incrédulo, que vive na defensiva.

Creio que é totalmente próprio ou adequado que a igreja cristã passe para a ofensiva. Creio que devemos lembrar ao mundo que o homem e a mulher cristãos são os verdadeiros realistas — que refletimos e chegamos à conclusão de alguns fatos eternos.

Irmãos, a mensagem cristã está de acordo com a razão: "Vinde, pois, e arrazoemos" (Isaías 1:18a).

A mensagem cristã leva Deus e o homem em consideração, juntamente com a relação do homem com Deus. Ela considera o pecado e a relação do homem com o pecado, além da sua responsabilidade em relação a ele e sua prestação de contas diante de Deus de acordo com essa responsabilidade. Ela reconhece essa prestação de contas e a morte, a brevidade da vida e o engano das aparências.

O cristão verdadeiro é aquele cuja casa está sempre em ordem. Ele não tem de clamar e gritar aos céus em pânico quando descobre que está próximo de partir. Ele somente tem algumas questões legais a resolver, porque, no que diz respeito aos seus relacionamentos eternos, já cuidou de tudo de forma realista. Para ele, a mensagem cristã se encaixa na razão.

Ora, por Deus ser quem Ele é e pelos seus atributos, existe em Deus e no relacionamento entre Deus e o homem uma transcendência que extrapola a razão, mas também se pode dizer que não existe nada dentro desse relacionamento que insulte a razão.

É a partir dessa posição que devemos partir para a ofensiva em prol da nossa fé cristã.

Sugiro que confrontemos o pecador, com toda a sua cultura, e insistamos que, embora a nossa fé e a nossa certeza transcendam a razão, nunca a ofendem.

Não somos incoerentes em nossa fé — simplesmente somos homens e mulheres que vivem de acordo com a razão mais sublime que existe. A mensagem cristã é coerente, concorda plenamente com os fatos e concorda com o são juízo e o reconhecimento das coisas como elas são.

Ora, se você anda lendo com atenção, sem dúvida descobriu a acusação que alguns críticos fazem de que a razão diz uma coisa e a religião diz outra.

Ouso dizer que qualquer pessoa que diz isso ainda está engatinhando na vida intelectual, porque a religião sempre está do lado da razão.

Tudo o que é irreligioso e incrédulo fica ao lado da insensatez, não ao lado da razão.

Considere o fato de que quando nosso Senhor Jesus Cristo chama os homens em seu convite, Ele se baseia em considerações coerentes. Uma delas certamente é a nossa condição de perdidos. Trata-se de uma consideração bem razoável.

O diabo tem tido um grande sucesso com sua propaganda, de modo que muitas pessoas não aceitam mais a doutrina de que os homens estão perdidos.

O argumento parece ser o seguinte: "Não estamos perdidos. Estamos no nosso caminho para o alto. Ainda estamos lutando para chegar lá".

Não tem como me enganar com essa ideia de "estar lutando para chegar lá em cima". O homem tem lutado por muito, muito tempo e não está nem próximo de se erguer de onde sempre esteve.

Quando somos realistas, confessamos que somos um povo perdido. Ainda somos bem jovens quando começamos a notar que a nossa estrutura física é suscetível a muitas enfermidades — justamente porque pertencemos a uma raça perdida que caminha para a morte.

Por que temos guerras e rumores de guerras? Por que temos corrupção política, ditaduras, escravidão e dominação de todo tipo? Por que temos um policial em cada esquina e por que temos celas, prisões e sanatórios?

Isso se deve ao fato de que somos um povo perdido — e de que vivemos em um mundo perdido. Todo aquele que se recusa a considerar esses sintomas se constitui em alguém totalmente irrealista.

É a mensagem cristã que leva em consideração a condição de perdição do homem de forma franca e se recusa a ouvir a propaganda da irracionalidade que diz que não estamos perdidos.

Na verdade, a perdição do homem está longe de ser um dogma; trata-se de um fato. Não estamos agindo dentro da esfera da imaginação. Estamos lidando com fatos tão duros e realistas quanto um tijolo que faz parte da construção sólida de um edifício.

Portanto, o cristão diz: "Os homens estão perdidos e sabemos que se encontram nessa situação".

A mensagem cristã se baseia na razão. Ela é baseada na obra redentora de Cristo, que se faz necessária por causa do estado de perdição da humanidade.

Ela é baseada no amor de Deus em Cristo Jesus e no poder do evangelho.

Ela é baseada no fato de que a humanidade está perecendo. Ela é baseada na permanência duradoura da vontade de Deus e na importância de uma ação urgente a esse respeito.

A mensagem cristã é baseada em todos esses fatos sensatos e realistas, portanto é o incrédulo que se coloca na defensiva. Ele é aquele que tem de dar uma razão para o que se encontra dentro de si mesmo. O cristão sabe — e confessou a sua necessidade e o seu Salvador, de modo que está pronto para o próximo capítulo.

Observe que no texto há uma voz severa de exortação, bem como uma voz graciosa de promessa.

Elas se juntam, conforme o poeta disse, "no ouvido da razão".

Na verdade, nós ouvimos a voz severa da exortação de Deus: "Lavai-vos, purificai-vos, tirai a maldade de vossos atos de diante dos meus olhos; cessai de fazer o mal. Aprendei a fazer o bem; atendei à justiça, repreendei ao opressor; defendei o direito do órfão, pleiteai a causa das viúvas" (Isaías 1:16-17).

O Senhor está dizendo a nós: "Vinde, pois, e arrazoemos, ainda que os vossos pecados sejam como a escarlata, eles se tornarão brancos como a neve; ainda que sejam vermelhos como o carmesim, se tornarão como a lã" (Isaías 1:18).

Com certeza, essa é a voz graciosa da promessa.

Será que vocês acreditarão em mim quando digo que caímos em uma grande ofensa contra a humanidade quando separamos essas duas vozes — a voz da exortação e a voz da promessa?

Não temos desculpa para afirmar que faremos um solo enquanto Deus queria que fosse um dueto.

Deus quer que essa mensagem consista em duas faces de uma mesma moeda — mas nós dividimos a moeda pela borda e, desse modo, arruinamos esses dois lados.

Essa comparação se encaixa porque as duas faces de uma moeda de 50 centavos são necessários para que ela tenha esse valor. Se dividirmos a moeda pelo meio com uma boa serra, essas duas partes não servirão para comprar nada.

Muitos são especialistas em abrir a Bíblia e dividir textos ao meio pela borda, destruindo os dois lados da mesma questão.

Eu abro a Bíblia e leio: "Lavai-vos, purificai-vos, tirai a maldade de vossos atos de diante dos meus olhos; cessai de fazer o mal. Aprendei a fazer o bem" (Isaías 1:16-17a). Se eu parar por aqui, estou dividindo a moeda pelo meio e ela perde o valor.

Se eu abrir a Bíblia e pular a primeira parte e somente ler: "Vinde, pois, e arrazoemos, ainda que os vossos pecados sejam como a escarlata, eles se tornarão brancos como a neve" (Isaías 1:18), e não ler nada antes e nada depois disso, acabei dividindo a moeda pela borda e ela também perde o valor. Mas, mesmo assim, temos escolas inteiras de teologia cristã baseadas nesse tipo de divisão, tendo por resultado dessa divisão a verdadeira ruína dos textos.

Nesta porção, as vozes se encontram presentes em forma de dueto. Deus é soberano, e a razão está cantando suas duas melodias: a voz severa da exortação e a voz graciosa da promessa.

Acredito que podemos cometer uma ofensa grave contra a alma dos homens e das mulheres ao tentar afirmar que podemos ter os nossos pecados perdoados, lavados e purificados, sem primeiro dar as costas ao mal e nos afastar dele diante dos olhos de Deus, parando de fazer o mal e aprendendo a fazer o bem.

O ensino do perdão sem nenhum abandono do pecado equivale a um grande erro, tem enchido as igrejas de membros equivocados e ajuda a povoar o inferno com almas enganadas.

Não se pode negar que muitas pessoas vieram para a igreja com base na metade de um texto que diz: "Ainda de que os vossos pecados sejam como a escarlata, eles se tornarão brancos como a neve" — elas se esquecem que se trata apenas de metade do texto.

Muito menos é possível negar que existem pessoas que se afastam das igrejas por pregar somente a primeira parte do texto que diz: "Lavai-vos, purificai-vos".

Essas pessoas recuam em suspeita e dizem: "Querido Deus, o que é que eu faço? Como pode um homem tão vil quanto eu lavar a si mesmo? Ainda que eu tivesse todos os ácidos do mundo, não teria como purificar a minha alma". Pessoas assim ficam desanimadas, pois ouvem o destaque somente da metade do texto.

Essa questão incorre em um erro grave, porque o ensino e a esperança de ser perdoado mesmo persistindo no erro consistem em uma grande impossibilidade moral. Ela viola as Escrituras, além de violar a razão moral.

A voz da razão moral afirma que todo perdão é condicionado a alguma intenção de reforma, e eu percebo que algumas pessoas não permitirão que se use a palavra "mudança".

Já ouvi pessoas condenarem a palavra reforma. Eles se levantam prontamente na ponta dos pés e declaram: "Não acredito em mudança; acredito somente na regeneração".

Eu poderia muito bem dizer a elas: "Não acredito no lado da moeda do dólar que diz: "In God we trust" [Em

Deus confiamos] — só naquele que tem a inscrição "E pluribus unum" [De muitos, um].

Os dois lados estão lá. Eles são necessários para dar qualquer valor à moeda, e permitam-me dizer: mudança e regeneração não entram em conflito entre si. Elas são amigas. Poderia até dizer que são gêmeas siamesas, porque o perdão se baseia na intenção de mudar de vida.

Na verdade, reforma é sinônimo de arrependimento. Faça a lição de casa. Limpe-se, acerte o que está errado, ajeite-se.

Conta-se uma história a respeito de um governador de um dos nossos estados. Ele estava preocupado com a situação de muitas pessoas no sistema prisional e visitou uma das prisões sem se identificar. Os prisioneiros não sabiam quem ele era.

Quando teve a oportunidade de conversar com um jovem, ele perguntou qual era o motivo de ele estar ali e por quanto tempo ficaria na prisão.

Durante a conversa, o governador disse: "Imagino que você queira sair daqui novamente".

A resposta dele foi: "Bem que gostaria, mas acho que não vai dar. Eles me pegaram de jeito".

Então, o governador perguntou: "Me diga uma coisa: se você pudesse sair da cadeia, qual seria a primeira coisa que gostaria de fazer?".

Uma carranca sinistra brotou do rosto do interno, e ele quase rugiu enquanto dizia: "A primeira coisa que eu faria seria cortar o pescoço daquele juiz filho da mãe que me jogou nisso aqui".

Aquele governador, o homem com o poder do perdão e da libertação, não esperava ouvir esse tipo de grunhido. Ele esperava ouvir alguma indicação de remorso, arrependimento e mudança moral. Ele estava esperando ouvir sobre o desejo de um prisioneiro de ser novamente um homem bom, desejando mais uma chance de colocar em ordem as coisas erradas que o tinham levado para aquela instituição.

Como vocês podem perceber, ele continuou lá porque o perdão depende da intenção de mudança moral. Não dá para salvar um homem que insiste em continuar no caminho que o levou à perdição.

Um guarda-vidas pode tirar rapidamente alguém da água, mas o que ele pode fazer se o homem voltar imediatamente a se jogar na água?

O bombeiro pode tirar uma pessoa de um prédio que está desabando em chamas, mas o que ele pode fazer se a pessoa voltar correndo para o incêndio?

Então, na esfera moral e espiritual, trata-se de uma grande incoerência tentar ensinar perdão onde não há nenhuma intenção de mudança. Ensinar o perdão e a purificação onde não existe a intenção de mudar de vida seria como perverter o céu e transformá-lo em um sanatório moral, e em cem anos não se saberia se esse lugar seria o céu ou o inferno.

Outra coisa que vale a pena mencionar neste contexto é que a intenção só pode ser provada pela mudança ou pela transformação da vida. Esse é o único modo de provar essa intenção.

Observe que no texto descobrimos que existem nove verbos na voz ativa, que são: Lavai-vos, purificai-vos, tirai, cessai, aprendei, atendei, repreendei, defendei e pleiteai.

Talvez você se lembre de suas aulas de português e da diferença entre a voz ativa e a voz passiva.

Quando se usa a voz passiva, o sujeito recebe a ação. Só fico parado e alguém me faz alguma coisa. Eu recebo essa ação de modo passivo.

Entretanto, se eu fizer alguma coisa, já entro na voz ativa.

Se eu digo que "sou amado", isso é algo passivo. Alguém me ama e eu recebo essa ação. Não tenho de fazer nada senão continuar onde estou com uma ótima aparência.

Mas se eu disser "Ame alguém", passamos para a voz ativa. Trata-se de uma ação positiva.

Isso me leva ao ponto nevrálgico de que a maldição da religião atual é que estamos o tempo todo na voz passiva. Estamos limitados ao papel de receber tudo. Queremos que tudo venha ao nosso encontro.

Deus disse: "Ainda que os vossos pecados sejam como a escarlata, eles se tornarão brancos como a neve". Mas Deus achou por bem colocar nove verbos na voz ativa antes dessa declaração.

Então, nós dizemos: "Estou lavado". Essa é a voz passiva.

O Senhor diz: "Lavai-vos! Tirai a maldade dos vossos atos!".

O perigo que corremos nas questões espirituais é que tudo é feito por nós e tudo é feito para nós. Passamos a ser espectadores em vez de participantes.

O Senhor falou a todos nós e disse: "Se quiserdes e me ouvirdes, comereis o melhor desta terra" (Isaías 1:19).

Onde estão os cristãos dispostos e obedientes? Por que temos tantos cristãos moles e encolhidos, que aparentemente não têm nenhuma força de caráter?

Por que temos de ver um cristão orando: "Ó Senhor, me ajuda a ser honesto"? Ele sabe muito bem que, se não for honesto, ele vai para a cadeia.

Já ouvi pessoas orarem: "Pai, me ajude a parar de mentir", quando ele simplesmente diz: "Parem de mentir!".

Muitos cristãos parecem passar pela vida sem nunca resistirem à tentação, incapazes de se engajar na batalha da oração, sem nenhuma disposição de sofrer por amor a Jesus.

O nosso Senhor Jesus Cristo nos pediu para sermos suas testemunhas e para permanecermos firmes na fé. Em vez disso, muitos de nós nos contentamos em ser uma espécie de ameba religiosa.

Já está mais do que na hora de nós, cristãos, despertarmos do sono e assumirmos as nossas responsabilidades. Vamos pedir a Deus que endireite nossas colunas; vamos pedir a Ele que nos dê a coragem de orar da seguinte forma: "Agora, Deus, mostra-me o que fazer!", que Ele nos acorde para a vida e nos transforme em pessoas ativas.

Se estivermos dispostos e formos obedientes, comeremos o melhor desta terra — essa é a promessa de Deus. No entanto, se recusarmos e nos rebelarmos, só nos restará o juízo.

Deus está nos chamando e temos todos os motivos para segui-lo fielmente. Temos todos os motivos para ser cristãos íntegros e comprometidos, e não existe nenhum argumento isolado para continuarmos perdidos ou entendendo a salvação pela metade.

Toda voz da razão clama a nós, não somente para considerarmos o plano gracioso de Deus para a salvação, mas também para que nos submetamos totalmente e obedeçamos — "porque então os farei mais alvos do que a neve e os tornarei mais brancos que a lã".

7

O valor eterno da alma: *Deus chama: "Reconciliem-se!"*

Mas Deus lhe disse: Louco, esta noite te pedirão a tua alma...

Lucas 12:20

ESTÁ DECLARADO NA BÍBLIA, do mesmo modo que geralmente se pensa, que o homem tem uma alma viva e consciente.

Em seus ensinos, nosso Senhor Jesus Cristo já partia do princípio de que os homens e as mulheres sabem que eles têm uma alma. Não se pode achar nenhuma passagem no Novo Testamento em que Jesus tenha dito: "Na verdade vos digo, o homem tem uma alma".

Ele nem precisava dizer isso.

O fato de que o ser humano tem uma alma viva era, naquela época — e ainda é hoje —, um conhecimento comum, uma verdade amplamente aceita. Ela está tão implícita na Bíblia quanto o dólar em nosso sistema monetário. Nenhuma loja de departamentos coloca cartazes grandes em cada andar dizendo: "Lembrem-se de que o dólar vale dez moedas de dez centavos, quatro moedas de vinte e cinco centavos e vinte moedas de cinco centavos".

Todos já demos isso como certo — trata-se de uma moeda comum, de uma unidade comum de valor.

Portanto, a Bíblia já assume como verdade o fato de que o homem tem uma alma. Ela não precisa ficar sempre afirmando isso.

Ora, considere esse fato. Se o governo desvalorizasse o dólar a valor zero, isso derrubaria todo o sistema monetário dos Estados Unidos.

De modo parecido, se ignorarmos a verdade de que o homem tem uma alma, passaremos a desvalorizar o homem. Ele é reduzido a algo menor que a sua própria natureza, porque Deus, na Criação, soprou o fôlego de vida dentro do homem, e ele se tornou alma vivente.

Ora, para algumas pessoas, insistir a respeito de que o homem tem uma alma parece atacar moinhos de vento como se fossem inimigos. Há muito tempo, eu tenho afirmado que boa parte do que se diz em muitos círculos fundamentalistas não passa de uma repetição formal de algo inquestionável, e eu não quero cair nessa armadilha.

Mas, por outro lado, conheço muito bem os tempos em que estamos vivendo. Tenho certeza de que esta é a hora em que a alma do homem recebe menos atenção do que em qualquer outro tempo desde o surgimento da religião revelada.

O valor eterno da alma precisa ser declarado novamente como maior do que todos os outros, e é necessário dizer que não há nada que se compare a ela.

Na verdade, a Bíblia não somente utiliza a verdade da alma humana em toda a sua trama e por todo o tecido teológico como um fio dourado, mas também a declara como um princípio sólido da verdade.

A verdade a respeito da realidade da alma tem sido aceita e crida por todos os povos, todas as raças e todas as religiões desde o início dos tempos. Existem diferenças nos conceitos, mas a maioria das pessoas por todas as épocas aceita o fato de que existe algo essencial que vive na natureza interna do homem e que o corpo exterior e físico não passa de um tabernáculo que a alma vivente habita.

Quase se pode dizer que a crença na existência da alma humana equivale a um teste da nossa humanidade.

De vez em quando, ouvimos falar de algum indivíduo insensato que afirma que o ser humano não tem alma. Acho interessante que essas pessoas geralmente se tornam estranhas e radicais. Passam a ser suspeitas e geralmente são vistas como algo parecido a um monstro na sociedade.

Na verdade, o que essa pessoa fez?

Ela se desumanizou e se desvalorizou como ser humano. Insistiu em ser algo menor do que um homem.

Se esse homem leva seu cachorro para passear, para e conversa com um amigo, dizendo: "Não acredito que o homem tem alma", ele não somente se desumaniza, como também se dá menos valor que o animal de estimação que está ao seu lado.

Se o homem não tem alma, então o seu cachorro está em uma condição melhor do que ele. Os cães podem sobreviver debaixo das piores condições possíveis. Eles suportam viver com menos comida do que o homem. Não vivem debaixo do peso das muitas responsabilidades humanas. Não pagam imposto, nem se preocupam com o futuro, nem com a morte ou com o juízo.

Lemos nas Escrituras a respeito de a alma dos justos estar nas mãos do Senhor. O salmista, no Antigo Testamento, nos admoesta a nos aquietarmos e falarmos com a nossa própria alma do mesmo modo que ele fazia quando se deitava na sua cama.

Quando Jesus falava em sua época sobre a alma, referia-se àquela parte do homem que é infinita, que vive pela eternidade. Com certeza, Ele não estava falando do corpo físico no qual o homem vive.

O corpo nada mais é do que matéria, e, como a Bíblia diz, murcha como a folha. Quando temos cerca de dezesseis anos, temos a tendência de pensar que o nosso corpo forte e sadio durará para sempre. Quando passamos a ter o dobro dessa idade, começamos a ter uma pequena preocupação com o corpo. Quando chegamos ao quádruplo dela, temos de reconhecer a verdade: o corpo físico não tem uma vida contínua em si mesmo.

Por essa razão, nunca fico chateado com o corpo humano como algumas pessoas, responsabilizando o corpo por tudo. Leia a Bíblia, e você nunca a verá culpando o corpo humano de nada; na verdade, ele não passa do tabernáculo em que a alma humana vive.

O corpo é completamente amoral — não é bom nem ruim. Ele não tem nenhuma qualidade moral associada a ele. Trata-se somente de uma habitação.

O homem compra um carro, passa a dirigir e, de propósito, atropela alguém de quem não gosta, levando-a à morte. Será que colocamos a culpa no automóvel e o fazemos pagar por isso?

Claro que não! O automóvel, por ser um objeto, é completamente amoral. É o homem que se senta ao volante e o guia que, naquele momento, atribui ao automóvel alguma qualidade moral.

O fato de que um homem bom dirige um carro e o guia até a igreja para adorar a Deus é bom. O mesmo automóvel pode ser usado por um homem mau, levando-o a algum antro de jogatina — mas o carro em si não é bom nem mau. É o homem que o dirige que faz o que quer com ele naquele momento.

O mesmo acontece com o corpo humano. Ele nada mais é que o servo humilde e indefeso do homem que mora dentro dele.

Sim, meu amigo, você mora dentro do seu corpo, e não é justo que você culpe o seu corpo por nada. O seu corpo é exatamente o que você faz com que ele seja. Ele não é um ser responsável. Ele não tem culpa de nada, nem se pode atribuir nenhuma responsabilidade a ele.

Ora, quando o homem é convertido pela graça de Deus, ou seja, regenerado, não recebe um corpo novo; portanto, ele pode ter a mesma aparência do seu vizinho, mas eles reconhecerão que há um novo homem morando dentro dele, e que a direção de sua vida foi transferida para um novo motorista.

Certamente, esse vizinho dirá: "Esse não é o sr. Zé, aquele homem que mora do outro lado da rua? Sei que toda hora ele ia para o bar e costumava ocupar toda a calçada quando voltava, e agora ele segue pelo lado oposto, para ir à igreja, com a Bíblia debaixo do braço, mas olha! Tenho certeza de que é o Zé mesmo. Eu o conheço!".

A alma é a parte essencial do homem. Ela também é a sua parte infinita. Quando a alma se converte a Deus, o corpo que sofria começa a ter uma vida melhor, mas continua sendo o mesmo corpo que se desfará e voltará ao pó logo que a alma sair dele.

Vamos usar como exemplo o que acontece com uma casa quando os moradores se mudam e a deixam desocupada. Você já foi para o interior e viu uma casa velha e depenada, na qual ninguém vive há muito tempo?

Essa habitação abandonada sempre apodrece e cai. Nós mantemos a nossa casa todo dia porque moramos nela. Essa é uma comparação fraca de um fato glorioso: o corpo está vivo enquanto a alma habita nele. Somente quando a alma se afasta é que os médicos podem vir e declarar que o corpo está morto.

Guarnecidos com o entendimento que Deus nos concedeu, temos de concordar que o corpo físico é a parte menos essencial do homem. Certo cientista já classificou o corpo como "uma concatenação de átomos", que não passa de um agrupamento de átomos e moléculas que se uniram por um tempo.

É bem provável que um homem coloque um chapéu na cabeça e ande pela rua com certo ar de superioridade, dizendo: "Olhem como sou importante!".

Mas a verdade é que ele não passa de uma concatenação ambulante de átomos, e nada mais!

A verdade é que a alma do homem se constitui em sua parte essencial. No instante em que a alma decide partir, já não resta ali onde você possa pendurar o chapéu. O corpo se desfará e sairá de cena.

É na alma que a nossa memória repousa, e ela pode ser tanto um tesouro como um terror para o ser humano. Para algumas pessoas, ser chamado para lembrar o que fez com o corpo pode ser um prazer; para outras, isso se torna algo terrível.

De modo parecido com a inteligência e a percepção moral, a eternidade, a esperança do céu e a paz infindável — todas essas coisas habitam a alma humana.

Meu amigo, você realmente tem uma alma e ela é parte essencial do seu ser. É ela que fala quando você diz a palavra "eu".

É ela que ora quando você diz: "Ó Deus, venha ao meu encontro!".

É sobre ela que Jesus falou quando disse as seguintes palavras: "Em tuas mãos entrego o meu espírito" (Lucas 23:46). Trata-se da parte essencial do homem.

Teologicamente, pode haver uma diferenciação entre a alma e o espírito, mas, para todos os propósitos humanos adequados, acredito que se trata da mesma coisa. Na Bíblia, fica claro que a palavra "alma" e a palavra "espírito" são usadas como sinônimos com o significado da parte interior do homem, a parte do homem que é infinita.

Na verdade, você tem uma alma, e o Novo Testamento ensina que a alma do homem tem de ser salva.

Ele ensina que, quando a alma do homem recebe salvação, todo o seu ser é salvo. Entretanto, Ele também ensina que, se o homem perde sua própria alma, tudo o mais fica arruinado. É por isso que Jesus, o nosso Senhor, nos deu este aviso: "Pois que aproveitará o homem se ganhar o mundo inteiro e perder a sua alma?" (Mateus 16:26).

Jesus ensinou que o homem tem de se interessar pela salvação de sua própria alma e que ele tem um papel importante em sua salvação.

O apóstolo Pedro pregou o seguinte: "Salvai-vos desta geração perversa" (Atos 2:40). O verbo em questão é salvar. O objeto é "a vós mesmos". O sujeito da oração gramatical é "vós", não é verdade?

Pedro estava dizendo: "Salvai-vos!".

Ora, que ninguém venha me chamar de liberal por causa disso. Pedro não era tolo para pensar que o homem tem algum antídoto para a sua tristeza ou alguma panaceia para os seus males. Pedro não era insensato a ponto de pensar que o homem pode perdoar sua própria alma ou lavar seu espírito ou purificar o seu ser interior — ele sabia das coisas!

O que Pedro está querendo dizer é o seguinte: "Estou pregando a Jesus, o Redentor. Agora vocês têm de aproveitar essa oportunidade. Venham para Jesus como estão e salvem a si mesmos".

Foi isso que ele quis dizer e essa também é a minha mensagem.

A Bíblia ensina que o homem tem uma responsabilidade na salvação de si mesmo: aproveitar a fonte que foi aberta na casa de Davi, que fluiu das veias do Emanuel e veio para purificar o pecado e a impureza.

Temos o dever de perceber que o homem pode fazer com que a sua própria alma pereça por causa de sua negligência. O homem tem a tendência de negligenciar e procrastinar, dois comportamentos que são inimigos da alma. De fato, seria maravilhoso se tudo em nosso mundo pudesse ser voltado à salvação da alma dos homens, mas a verdade é que tudo está voltado para a direção oposta.

A natureza decaída não é amiga das coisas de Deus. Ela não é amiga da graça de Deus. Os ventos que sopram pelos corredores deste mundo não levam para cima, sopram na direção do inferno. O homem que não tem um ponto de estabilidade ou ancoragem segue para onde quer que o vento sopre.

Mesmo assim, você continua tendo uma alma para salvar e um Deus para glorificar.

Conheço alguns teólogos que não se alegram mais em entoar a confissão de Charles Wesley:

> Gracioso Mestre, meu Senhor,
> ajuda-me a pregar

por toda a terra, céu e mar
as honras do teu ser.

(*Hinário wesleyano*, trad. Jaci Maraschin)

Essas palavras incomodam a consciência deles e confundem a sua teologia, portanto eles usam suas canetas azuis para riscar o conceito de Wesley sobre a salvação da alma e a responsabilidade humana, conforme dizem em outra estrofe: "Certo estou de que, se trair minha confiança, morrerei para sempre".

Nas antigas tradições marítimas, o dono de um navio nobre repleto de uma carga fabulosa confiou sua embarcação e a sua tripulação ao capitão com a seguinte recomendação: "Traga-o de volta. Traga-o de volta e receba o salário devido. Avise-me quando retornar".

De um modo parecido, Deus nos deu uma tarefa séria: "Eu lhe confiei uma alma, que é sua parte essencial. Você está no comando de um tesouro fabuloso, com lembranças, imaginação, além de muitos outros recursos — todos eles pertencem a você. Dou-lhe a tarefa de empenhar todos os esforços para levá-la ao porto seguro no final".

Uma canção antiga das reuniões de acampamento traz as seguintes palavras de garantia: "Estarei presente quando chamarem meu nome; responderei ao ser chamado".

É pela graça e pelo mérito de nosso Senhor Jesus Cristo que estaremos presentes e responderemos à chamada naquele grande dia, mas não participaremos dessa chamada com este corpo abatido. A Bíblia não nos ensina que levaremos exatamente este mesmo corpo para o céu. O novo corpo que Deus nos dará será bem parecido com o nosso, mas será glorificado, perfeito em todos os sentidos.

Todos nós teremos uma boa aparência naquele lugar, porque, quando o virmos como Ele é, seremos semelhantes a Ele! Seremos semelhantes àquele que é o Lírio dos Vales e a Rosa de Sarom.

Quando o nosso Senhor veio viver entre os homens nesta terra, a sua divindade estava disfarçada. Ele usou a roupa comum do camponês da Palestina, e o profeta disse que não havia beleza nele para que o desejássemos. Então, quando os homens cruéis arrancaram a sua barba e feriram sua face santa com golpes, Ele recebeu mais marcas no rosto do que qualquer homem jamais teve. Eles o observaram morrer e a visão não foi nada boa.

Agora a cena é diferente. Ele é o Rei dos reis e o Senhor dos senhores ressuscitado, aquele que ascendeu aos céus e foi novamente glorificado juntamente com o Pai. Todas as estrelas brilhantes em seu resplendor brilham como a glória e o brilho da sua face. A beleza de Jesus estará sobre todo o seu povo

— pessoas remidas, purificadas e perdoadas que andaram em fidelidade na luz — e o seu nome estará escrito em suas testas. Não haverá necessidade do sol, porque o Cordeiro será a sua luz.

Agora olhamos uns para os outros e alguns de nós não estão muito felizes com o corpo que têm. Mas as marcas do crente são a fé, a confiança, a esperança e a expectativa — desejamos estar nessa cena celestial com os remidos de todas as épocas. O brilho e o resplendor da glória nessa cena ao redor do trono celestial já acenam para nós no tempo presente — e toda essa luz e todo esse resplendor são equivalentes e proporcionais à glória da alma dos remidos.

Há muitos anos, eu estava em um culto de jovens em uma igreja grande na cidade de Akron, e algo que aconteceu ficou bem guardado em minha memória desde aquele dia.

Tratava-se de uma igreja com muitos sinais de mundanismo, contando com um grande profissionalismo no coral e entre os músicos. O pastor costumava vir ao púlpito e pronunciar seus discursos bem-conhecidos, como "A harpa de mil cordas". Não parecia que havia tom religioso naquele lugar para salvar um mosquito, ainda que fosse possível salvar algum.

No entanto, nesse culto de que participei, eles pediram que uma moça cantasse, e ela era corcunda, terrivelmente deformada e encurvada.

Ali estava ela, com praticamente a mesma altura da mesa, com seu rosto prensado ao seio.

Ela começou a cantar uma doce melodia, e era possível dizer que ela estava cantando o seu testemunho de fé e de amor.

> Minha alma deleita-se em Cristo;
> afável Ele é para mim;
> viver na sua intimidade
> dá gozo real e sem fim.
>
> (*Cantor cristão*, hino 387)

Então, quando ela chegou à última estrofe, parecia que ela estava dando seu próprio testemunho de experiência e esperança na fé:

> Um dia serei semelhante
> a Cristo, meu reto Senhor;
> com ele terei morada.
> Oh, graças a meu Salvador!
>
> (*Cantor cristão*, hino 387)

Uma garotinha corcunda, sem muita beleza exterior, doente e pálida. Seu corpo físico estava deformado, mas sua alma e espírito estavam radiantes porque ela havia entendido a promessa de que um dia seria como Ele, deixando finalmente a sua cruz e o seu fardo.

Ouso que me mostre algo melhor do que isso, meu irmão! Passe um pente-fino e pesquise pelas culturas e pelos tesouros do mundo, e você não terá chance de deparar com nenhum tipo de joia que brilhe como esse testemunho simples de fé e esperança em sua beleza de alma.

Não faz nenhuma diferença quem somos, onde moramos ou a posição que temos na vida — se colocarmos a nossa fé e a nossa confiança no nosso Salvador glorificado, receberemos um tabernáculo eterno e digno da nossa alma, porque será um corpo semelhante ao seu corpo glorificado.

O que vocês já ouviram nesta vida que se compare a essa promessa?

Não deixe o diabo roubar de você a glória que Deus prometeu e preparou. Toda a sua natureza humana decaída está determinada a dizer que sua alma não será salva, e a sociedade decaída já decidiu que não o deixará viver uma vida cristã fiel e feliz.

Irmãos, nestes dias temos de nos levantar rapidamente para testemunhar e viver o evangelho verdadeiro. Cremos no poder purificador do sangue de Jesus. Cremos na graça e na misericórdia de Deus. Cremos no poder do evangelho de Cristo para fazer com que o homem mau seja bom, e que o homem impuro seja purificado; para fazer com que o homem maligno seja justo, e que o homem pecador seja puro.

Sim, o homem tem uma alma a ser salva e, em meio a todos os ruídos das criaturas ao nosso redor, ainda existe a voz baixa e tranquila dentro do homem dizendo: "Reconcilie-se com Deus". Esse é o seu "eu" verdadeiro debaixo da camuflagem — e é esse "eu" que o levará para o céu ou para o inferno.

O que podemos fazer senão confiar em Jesus como Salvador, e dizer: "Carinhoso Salvador, quero a ti me aconchegar".

8

O destino do moralmente insensato: *ele vai para o lugar que lhe pertence*

Abraão, porém, lhe respondeu: Se não ouvem a Moisés e aos Profetas, tampouco se deixarão persuadir, ainda que ressuscite alguém dentre os mortos.

Lucas 16:31

O HOMEM É UM PEREGRINO moral neste mundo, mas se torna um insensato moral quando despreza a voz de Deus e se consola com esta desculpa irreverente: "Bem, se eu for para o inferno, terei bastante companhia!".

O insensato moral que vai para o inferno ficará admirado ao descobrir que o inferno tem o seu próprio modo de separar o homem, isolando-o de tudo o que lhe seria confortável. Tenho certeza de que o homem perdido que despreza o chamado de Deus nesta vida sofrerá sozinho em sua perdição no inferno — completamente sozinho, sem nenhuma ajuda e sem nenhum consolo.

Ora, neste mundo, as pessoas buscam consolo recorrendo a métodos estranhos.

Parece um consolo para muitos que, ainda que sejam pessoas más e reconheçam isso, sempre podem afirmar que todas as outras pessoas têm a mesma maldade.

Algumas pessoas realmente se sentem consoladas ao se esconderem atrás de versículos da Bíblia que ensinam que os homens estão perdidos. Uma das referências favoritas é Romanos 3:23: "Pois todos pecaram e carecem da glória de Deus".

Esse é o texto principal do aluno de Escola Bíblica que está estudando sobre como ganhar almas em dez lições fáceis, e geralmente o citamos na tentativa de levar a alma perdida a ter uma convicção de pecado.

No entanto, em muitos casos, esse passa a ser um versículo consolador para quem peca. Devido ao caráter traiçoeiro da alma humana, é possível se esconder no fato de que todos pecaram. Existe uma espécie de reação universal que consiste em uma filosofia aceitável: a de que "se é esse o problema de todas as pessoas, então não há motivo para se preocupar sobre isso".

Portanto, quando digo que o homem é um peregrino moral, que está afastado e que ainda se esconde de

Deus, não quero que se esconda atrás desse fato e se console com isso.

Quero que saiba que se trata de algo bem pessoal e que o Espírito Santo nunca quis dar a ninguém nenhuma sensação de consolo com a depravação universal.

Na verdade, o Espírito Santo está dizendo ao longo de toda a Escritura Sagrada: "Tu és o homem!".

Deus nos está chamando com muitas e muitas vozes, mas não há dúvida de que Ele convida a humanidade da forma mais perfeita pela Palavra de Deus revelada.

No capítulo 16 do Evangelho de Lucas, temos registradas as palavras de nosso Senhor Jesus Cristo a respeito do clamor do homem rico que morreu e estava sofrendo no inferno. Deve haver muita gente no inferno, mas você pode notar que, quando o homem rico foi para lá, não encontrou nenhum consolo para a sua alma. Ele estava sozinho. No que dizia respeito a ele, não havia mais ninguém naquele lugar.

As únicas pessoas que ele conhecia e de quem se lembrava eram aquelas que ainda estavam vivas.

Permitam-me lembrá-los novamente que foi Jesus Cristo, o Senhor de todos os mundos, da vida, da morte e da eternidade, que nos deu esse quadro impactante do clamor que partiu do inferno. Ele colocou a cortina opaca de lado para permitir que vejamos e ouçamos o que nunca tinha sido comunicado antes para os homens e as mulheres que estão vivos.

Ele nos permite ouvir as palavras verdadeiras de um homem condenado. Esse é o único lugar da Bíblia em que encontramos um homem condenado eternamente e o ouvimos falar alguma coisa, como se praticamente estivéssemos contemplando o seu rosto.

De forma estranha e maravilhosa, esse homem perdido se torna um evangelista cuja voz continua sendo um convite poderoso — o Deus poderoso demonstrando que o inferno propriamente dito, bem como os espíritos no céu, acabarão se prostrando, reconhecendo a justiça de Deus e a retidão dos seus caminhos.

Esse relato não se limita a contar o sofrimento do homem rico; existe também o estado de bem-aventurança do mendigo, que, na sua morte, foi levado pelos anjos ao seio de Abraão.

Houve um contraste entre os dois em vida. O mendigo era pobre, com feridas e doenças, e tinha de rogar para se alimentar das migalhas da mesa do rico.

Consta no relato que Jesus não disse nada de ruim sobre o homem rico. Eu não vejo como se pode classificar esse homem rico como um trapaceiro. Ele tinha bens materiais suficientes, mas a Bíblia não o acusa de roubar. Ele pode ter obtido essa riqueza com toda a honestidade. Ele só tinha essa fortuna, e isso é tudo.

Na verdade, ele vivia suntuosamente — mas você e eu também vivemos. Quando temos, gastamos — se não temos, reclamamos. A nossa sociedade é culpada por jogar dinheiro para lá e para cá, milhões sobre milhões; na verdade, não usamos a palavra milhões com muita frequência, porque já estamos alcançando os bilhões.

Estas são as coisas que quero que você observe: o mendigo não foi salvo por causa da sua pobreza, e certamente o homem rico não foi para o inferno por sua condição material favorável.

Ninguém neste mundo já foi salvo ou foi para o céu por ser pobre. A pessoa pode ser pobre como um rato de igreja, e, mesmo assim, ser tão ruim quanto um rato de igreja. Deus nunca disse em nenhum lugar que a pobreza humana é meio de salvação. A pobreza nunca redimiu ninguém. Usar farrapos nesta vida nunca levou ninguém para o céu. Essa afirmação não passa de uma insensatez política e religiosa.

O pobre mendigo não foi para o céu por ser pobre e mendigo. Se isso fosse verdade, então a salvação dependeria da pobreza e de vestir roupas rasgadas, e seria possível dizer o quanto a pessoa estaria perto do céu pelo saldo da sua conta-corrente ou pela falta dele. Isso transformaria a religião em algo completamente humano, o que está longe de corresponder aos fatos.

Será que é possível que um mendigo minta? Será que o homem pobre pode trapacear? Deus diz que todos os mentirosos terão parte no inferno. Deus diz que o coração humano é impuro, enganoso e traiçoeiro. Portanto, você pode se vestir de trapos e ter feridas no corpo, padecer de fome e, ainda assim, estar a caminho do inferno.

Tampouco o homem rico foi para o inferno porque vivia uma situação de riqueza material nesta vida. Isso consistiria em igualar a eternidade ao tempo e julgar que Deus tomaria todos os ricos que desfrutaram a vida nesta terra e os lançaria no inferno por toda a eternidade.

Deus deixou claro que esse não é o modo de Ele fazer as coisas. Nunca saberemos quantos homens e mulheres ricos Deus honrou por sua fé, pelo seu testemunho cristão, por seu altruísmo na administração dos bens.

Basta ler a Bíblia, conhecer o plano de salvação e examinar a vida das grandes almas de Deus entre os homens que você rejeitará a tese de que homens e mulheres vão para o céu por serem pobres.

Ah, essa seria a coisa mais simples do mundo!

"Jogue fora todos os bens deste mundo, somente tenha o suficiente para suprir as necessidades mais básicas e saia voando — você logo estará na cidade celestial; porque Deus castigará para sempre todos aqueles que têm dinheiro nesta vida."

Nada mais longe da verdade que isso! Isso é simplório demais, destrói os valores morais e espirituais e ignora completamente a natureza espiritual do homem.

Permitam-me que lhes diga o motivo pelo qual este mendigo foi para o céu e por que esse homem rico, em particular, foi para o inferno.

Esse mendigo foi para o céu porque tinha uma natureza que pertencia ao céu. O homem rico foi para o inferno porque tinha uma natureza que pertencia ao inferno.

A verdade é essa — e não existe outra resposta.

O mendigo foi levado pelos anjos ao seio de Abraão, e eu pergunto: "O que é que estes anjos estavam fazendo nessa situação?".

Aqueles anjos tinham todo o vasto universo para onde poderiam ir, mas alguns apareceram na sarjeta quando aquele pobre mendigo se virou, gemeu, fechou os olhos e disse: "Pai, aqui estou".

Os anjos, que são mensageiros de Deus, cheios de sabedoria e força, foram levados até lá pela atração magnética de uma natureza celestial, e essa natureza celestial estava quase saindo daquele corpo ferido e doente.

Ora, Deus não pode permitir que uma alma desencarnada, redimida e portadora de sua natureza fique vagando como um fantasma pelo universo. Os anjos fazem a vontade de Deus e, quando aquele corpo morreu, os anjos encaminharam a sua alma, voando para o seio de Abraão.

Isso aconteceu simplesmente porque o lugar dela era lá!

Lembre-se disto: no final, tudo tem de ser colocado em seu devido lugar no universo de Deus. O homem pode estar vivendo com a mulher de outro homem agora, mas haverá um dia em que Deus colocará todo homem no seu lugar adequado. Algum oficial pode ter a propriedade de uma viúva agora, mas o dia virá em que Deus colocará tudo em seu devido lugar.

Essa é a visão que Deus deu a Ezequiel no vale dos ossos secos. Os ossos estavam todos fora de lugar — os chacais e os abutres cometeram essa desordem por anos. No entanto, quando a Palavra do Senhor veio a eles, houve grande estrondo e Deus colocou tudo em ordem.

Deus realiza todos os seus planos, e Ele prometeu que colocaria em ordem todas as coisas.

No momento, vivemos em um mundo confuso e pervertido.

Algumas pessoas ganham as manchetes, mas, se a verdade fosse conhecida, deveriam ver o sol nascer quadrado em alguma prisão. Existem outras pessoas dignas que são completamente ignoradas neste mundo e que, se a verdade fosse dita, deveriam estar na capa das revistas de informações na próxima semana.

Entretanto, Deus não está perplexo, muito menos confuso!

Ele continua a observar a cena da humanidade e tem o seu próprio meio de resolver as coisas. Muitas pessoas que recebem elogios e aplausos no mundo de hoje serão avaliadas no tempo de Deus. Ele não as julga aqui no nosso tempo, nem mesmo as julgou quando os seus doze discípulos estavam com Ele. Pedro era um covarde e Judas amava dinheiro e era um traidor, mas isso não foi mencionado até o último minuto. Porém, quando Judas morreu, ele foi encaminhado. Ele morreu e foi para o seu lugar devido.

A morte nos encaminha para o destino adequado e, se formos para o céu, é porque temos uma natureza que combina com o céu. Não é difícil para o Deus Soberano sondar a natureza das pessoas que pertencem ao céu e encaminhá-las para lá.

Em suma, essa é a história do rico e do mendigo Lázaro.

Que tipo de natureza você tem? É com base nesse critério que a decisão é tomada.

O homem rico tinha seu foco nas coisas desta vida. Não sentia necessidade de buscar a Deus com sua natureza interior, e o seu pecado foi esse. Isso que o marcou como um homem perdido.

Por outro lado, não imagine, em nenhum momento, que todos os que moram na sarjeta e que são marginalizados irão para o céu quando morrerem, como uma revoada de pássaros ao cair da tarde. Deus saberá o lugar de cada um deles com base em sua natureza interna, pelas decisões que tomaram quanto a conhecer e servir a Deus ou no sentido de ignorá-lo e rejeitá-lo.

Ora, o insensato não passa de alguém que age sem refletir sobre as consequências; o insensato moral é aquele que nunca ouve nenhuma das vozes que o chamam. Ele tem ouvidos para ouvir, mas não ouve.

Em seu tempo de ministério da terra, Jesus disse a muitos que ouviram os seus ensinos que estava cumprindo a profecia de Isaías que diz: "Torna insensível o coração deste povo, endurece-lhe os ouvidos e fecha-lhe os olhos, para que não venha ele a ver com os olhos, a ouvir com os ouvidos e a entender com o coração, e se converta, e seja salvo" (Isaías 6:10).

Depois, com um olhar terno, dedicado aos poucos discípulos amados ao seu redor, Ele disse: "Bem-aventurados, porém, os vossos olhos, porque veem; e os vossos ouvidos, porque ouvem" (Mateus 13:16).

O insensato moral nunca ouve nada de Deus. Para ele, uma árvore não tem nada a dizer, o riacho não traz nenhuma mensagem, a pedra não prega nenhum sermão e não há voz em nada.

Ele se contenta em seguir sua rotina no mundo, comparando um novo modelo de carro ao anterior, ou quanto ele pode ganhar em seu próximo negócio. Ele fica imaginando como pagar menos imposto de renda. Ele tem de se atualizar todos os dias sobre o campeonato nacional ou estadual.

Ele só está espairecendo um pouco — está longe de ser uma pessoa má.

Ele simplesmente não passa de um insensato moral — ele nunca ouve as vozes importantes na vida.

E tem mais! Quando ele fica doente, ouve uma voz interior que lhe diz: "Vai voando para o médico!".

Ou, quando tem problemas financeiros, ele ouve a voz dos amigos que diz: "Tem um investidor da hora!" ou "Esse gerente de banco é bom demais!".

Entretanto, ele não ouve nenhuma voz que venha de Deus. Ele vive para este mundo, e isso lhe basta. Se ele puder manter uma saúde razoável, tiver fios de cabelo na cabeça, além de um carro com pneus de marca, já está tudo bem.

Ele é moralmente tolo!

A diferença entre a pessoa que é moralmente insensata e a que é moralmente sábia é muito grande!

Uma pessoa supostamente esperta me disse uma vez que o evangelho cristão até que é bom — só que ninguém realmente o segue.

Graças a Deus que essa declaração não é verdadeira — não vamos pedir desculpas, nem cair nessa.

Ninguém deve pensar, nem por um instante sequer, que o evangelho de Jesus Cristo não está surtindo efeito ou que Deus não tem seu povo redimido ao redor do mundo.

Nunca admitiremos que a arca não era eficiente porque somente oito pessoas entraram nela e foram salvas.

Não pedimos desculpa pela arca — ela funcionou direitinho. Aqueles que confiaram nela descobriram que funcionava, e ridicularizaram todas as pessoas que rejeitaram e ignoraram o que Deus disse a respeito dela.

Portanto, aqueles que são moralmente sábios realmente escutam a voz convidativa de Deus. Eles sempre têm a oportunidade de ouvi-la — e a estão ouvindo neste momento.

O Deus todo-poderoso não grita a todo o universo para ouvir de volta sua voz como um eco vazio pelos seus ouvidos santos. Ele nos disse que a palavra que sair de sua boca nunca voltará vazia e sem resultados. A Palavra de Deus sempre é poderosa, e não é preciso que ninguém saia por aí pedindo desculpas por ela e pensando em maneiras sábias de defendê-la.

O navio do evangelho, a arca de Deus, não consiste em um navio-fantasma flutuando ao léu no mar. Graças a Deus, ele tem uma tripulação completa e muitos passageiros. A lotação não é exatamente a que Deus quer, e ainda há lugar para mais pessoas. Preste atenção quando contemplar suas velas despontando no horizonte. Ocupada plenamente com uma tripulação fiel, com os ventos do Espírito Santo em suas velas, seus passageiros deixaram de ser escravos, e agora são homens e mulheres livres, que seguem para um porto livre em uma terra santa.

Por todo este mundo antigo e atribulado, Deus tem os seus santos e os conhece. Eles são lavados no sangue de Jesus, e são nascidos do seu Espírito. Foram gerados pela Palavra da Verdade e salvos pelo milagre da redenção. Ele chamará todos eles para casa quando chegar o momento.

Por fim, trarei uma mensagem sobre o capítulo 16 de Lucas a respeito do homem rico no inferno.

Acho que teríamos de dizer que ele era um homem melhor depois de morrer do que enquanto viveu nesta terra.

Enquanto ele viveu, não se importava nem demonstrava interesse por ninguém à sua volta. Ele não tinha muita empatia pelas outras pessoas.

Entretanto, na região dos perdidos, ele começou a se preocupar com seus irmãos, "para que não venham para este lugar de tormento".

Aqui está um evangelista fazendo um apelo no inferno — só que a mensagem dele não conseguiu chegar aos destinatários.

Observe também que ele tinha um relacionamento com pessoas religiosas enquanto vivia. Ele chamou Abraão de "Pai", e Abraão não desmentiu isso. Abraão chegou a dizer: "Filho, lembra-te" (Lucas 16:25). Ele era um filho de Abraão na carne, e vivia em um ambiente judaico, no país mais religioso do mundo.

Contudo, Abraão teve de lhe dizer que os vivos "têm Moisés e os Profetas; ouçam-nos" (Lucas 16:29).

Deus conhece a consciência humana. Ele sabe que a voz mais eficiente em todo o mundo é a voz da Palavra, e, se os homens não ouvirem a Palavra de Deus, não ouvirão mais nada.

Nem o ambiente nem os contatos religiosos são suficientes. Se pudéssemos ouvi-los, eles poderiam chegar até nós, mas não há dúvida de que haveria vozes e avisos de muitos que partiram deste mundo. Não é suficiente ter um cargo na igreja, ser um presbítero, diácono ou fazer parte da recepção.

Quantos, quantos que, se pudessem contar agora, diriam: "Desperdicei a minha vida na insensatez moral. Eu me recusei a levar o chamado de Deus a sério. Mande alguém avisar isso aos meus irmãos e irmãs, e aos meus filhos"!

As vozes sábias de Deus e de Abraão disseram: "Não, não adianta. Um oficial da igreja que pode receber a comunhão, cuidar das finanças da igreja, liderar orações, ouvir a Palavra de Deus pregada, e ainda assim resiste a mim — mesmo que eu enviasse um morto de volta, ele não ouviria!".

Na verdade, quem é sábio moralmente ouvirá isso, porque "a maravilha da vida é a lei moral dentro do coração e os céus estrelados no firmamento".

A vida moral interior, que equivale à nossa estrutura moral, sempre faz ouvir sua voz eloquente, acusadora, apelativa e convidativa. A mensagem sempre vem do coração de Deus: "Ó, voltai para mim".

9

Nossa prestação de contas diante de Deus: *justificados e salvos, mas julgados diante de um tribunal*

Porque a ocasião de começar o juízo pela casa de Deus é chegada; ora, se primeiro vem por nós, qual será o fim daqueles que não obedecem ao evangelho de Deus?

1Pedro 4:17

Por toda a igreja cristã que conhecemos nos dias de hoje, todo o senso de prestação de contas diante de Deus parece ter se perdido.

Isso deve ser atribuído à pregação e ao ensino que têm destacado a qualidade "automática" da fé, com a insistência de que "aceitar Cristo" se sobrepõe a toda responsabilidade e a toda prestação de contas do crente diante do Salvador — por toda a eternidade.

Os cristãos deixaram de cantar com sentimento profundo aquele hino de Charles Wesley que pede o seguinte ao Senhor:

> Faze-me, ó Deus, guardar
> minha alma não mortal
> e a ti contas prestar
> no reino celestial.
>
> (*Hinário luterano*)

Já se contou que alguém disse o seguinte: "Se eu cresse que teria de prestar contas de meu serviço diante de Deus, não teria nenhuma chance de ser feliz".

Muitas pessoas nem entenderão do que estamos falando, mas permitam-me falar a respeito de Charles Wesley, que proferiu essa oração santa e sincera para que pudesse prestar contas de forma fiel ao Senhor.

Ele era um cristão que estava a um passo de ser exultantemente feliz no Senhor. Dr. Samuel Johnson, o grande filólogo e crítico inglês, disse a respeito de John e Charles Wesley em sua época: “Eles são os exemplos mais claros de felicidade moral completa que já vi”.

Quando leio os hinos de Charles Wesley, admito que me surpreendo rindo de prazer. Acredito que ele era tão feliz espiritualmente que deve ter chegado a dançar de alegria — de felicidade com Deus e com Cristo.

Mas, mesmo assim, ele cria que estava sendo avaliado espiritualmente. Ele chegou a compor e cantar esta canção:

> Desperta, ó alma, e vem,
> sem culpa e sem temor:
> de Cristo, o sangue tem
> pra mim real favor.
> Perante o Rei, seguro vou.
> Nas mãos de Deus, gravado estou.

A igreja moderna pode participar dessa expressão de fé, mas tem dificuldade de cantar com Wesley estes versos:

> Faze-me, ó Deus, guardar
> minha alma não mortal
> e a ti contas prestar
> no reino celestial.

(*Hinário luterano.*)

Ora, não sei como homens e mulheres conseguem se isentar por completo, como se uma das vozes de Deus que ecoa sobre a terra não fosse justamente a voz do juízo. Fiz uma nova pesquisa na Palavra, em busca dessa mensagem, e não consegui escapar da realidade do julgamento — um julgamento que está destinado à casa de Deus, aos cristãos, mais do que aos pecadores.

É bom que reflitamos aqui que a história da igreja mostra claramente que as pessoas religiosas têm a tendência de escolher a doutrina ou a verdade bíblica favorita e se agarrar a elas à custa de outros princípios básicos. Podemos exagerar no destaque de uma verdade a ponto de ofuscar outras verdades importantes que podem acabar saindo de perspectiva por causa disso.

O que quero dizer com a ideia de uma verdade sair de cena é o seguinte: ela cai em desuso e, por essa razão, é facilmente esquecida.

Vou ilustrar isso.

Suponhamos que haja uma tecla no piano que não esteja corretamente presa a seu mecanismo e não produza som quando tocada. O pianista certamente estranhará ao bater nessa tecla e perceber que nada acontece. Se você fotografar o teclado, verá que a tecla estará em seu lugar correto, mas não emite som, não importa quanto você a toque.

Esse é um exemplo do que quero dizer com a doutrina básica da fé cristã que caiu em desuso, de modo que não se fala mais nela, muito menos se pensa ou se prega sobre ela. Se você consultar o livro de disciplina, a declaração das doutrinas, poderá verificar que ela continua lá porque faz parte da nossa tradição.

Entretanto, não emite som algum — ninguém mais ouve falar dela. Ela não recebe nenhum destaque nem influencia em nada, porque foi desarticulada e esquecida.

É assim que uma verdade bíblica básica pode cair em desuso, porque algumas doutrinas foram destacadas de modo exagerado para ofuscar as outras.

Então, por fim, algum profeta de Deus tem de entrar em cena para reafirmar as verdades esquecidas, trazendo-as de volta e anunciando-as com ênfase e clareza. Esse mensageiro pode até ser considerado um herege, porque esse segmento de verdade bíblica foi ofuscado por uma ou duas gerações.

Entretanto, em meio à murmuração, o profeta de Deus persiste até que a igreja desperte do sono e adote novamente essa verdade, de modo que um novo sentido para a vida acende dentro dela, como se tivesse ressuscitado.

Pense em Martinho Lutero. Será que ele inventou alguma doutrina nova?

A resposta é não.

Lutero escavou uma doutrina que havia sido sepultada em um túmulo sombrio e sobre a qual não se ouvia falar mais. Ao soar a trombeta da justificação pela fé, Lutero ocasionou a grande Reforma.

O que dizer de John Wesley? O que foi que ele fez?

Ele não inventou nenhuma doutrina nova, mas, ao divulgar a doutrina esquecida de que é possível ter e experimentar pureza no coração, ele despertou a igreja.

Vários homens que foram usados por Deus em todas as gerações, desde o Calvário até o tempo presente, não inventaram nem pregaram nenhuma verdade inovadora. Eles simplesmente tinham a visão ungida para descobrir verdades que haviam sido obscurecidas por causa da ênfase exagerada de outras doutrinas.

Ora, isso só serviu de introdução para que digamos o seguinte: que a justificação pela fé se tornou a doutrina exagerada em nossa época. Ela tem sido destacada de forma tão exacerbada que ocultou algumas verdades a ela relacionadas; portanto, perdemos o fio cortante delas.

Sei que seria difícil para qualquer homem ser eloquente o bastante para exagerar a importância fundamental da justificação pela fé na igreja cristã — de que o homem viverá da fé, e não das obras de justiça que fizer. Portanto, ao sermos justificados pela fé, temos paz e com Deus!

A justificação pela fé nos livra do conflito interno inútil para sermos bons. Ela nos livra da escravidão dos fariseus, do orgulho do ritualista e da armadilha do legalista — todos eles tentam se tornar aceitáveis para Deus.

Mas esses, na verdade, nada mais são que o novo Adão se vestindo com as melhores roupagens religiosas para impressionar o Deus todo-poderoso, esperando ser considerados, ao final, pessoas que serviram fielmente a Deus por todos os dias de sua vida.

Essa é justamente a escravidão à qual alguns dos nossos antepassados se sujeitaram porque a doutrina da justificação pela fé tinha sido ofuscada. Ela foi retirada do ensino da igreja. Portanto, as pessoas precisavam ter água benta, o santo rosário e objetos santos de toda espécie. Eles tinham o Sagrado Coração disso e o Sagrado Coração daquilo. Eles tinham dias para comer e dias para jejuar, e tentavam contar com a aceitação de Deus por meio de ofertas e fazendo penitência pelos seus pecados.

Foi nesse momento que surgiu um especialista que refletia profundamente sobre as Escrituras. Ele não apresentou nenhuma doutrina ou verdade nova, mas insistiu, depois da releitura de uma verdade bíblica antiga que havia sido enterrada e esquecida há muito tempo, que não é por nossas obras de justiça, mas pela fé, mediante a graça, que podemos agradar a Deus.

Foi assim que a Reforma nasceu!

A igreja de Cristo acordou depois de um longo sono, e, do mesmo modo que os ossos secos de Ezequiel, levantou-se e andou como um grande exército. Depois, com o passar dos anos, essa doutrina da justificação pela fé foi destacada de forma tão danosa quanto o esquecimento de antes da época de Lutero.

Por essa razão, o modo pelo qual a justificação é compreendida, pregada, enfatizada e proclamada atualmente em todos os cantos do país está fazendo com que os crentes joguem toda a responsabilidade em Deus. Passamos a nos enxergar como crentes felizes e satisfeitos, sem nenhuma responsabilidade no mundo, exceto entregar algum folheto de vez em quando.

Isso acaba se tornando algo automático — você simplesmente embarca no vagão-leito, abaixa a cama da parede e acorda no armazém do céu. Sente-se dispensado de todo e qualquer juízo, porque os cristãos não estão pensando mais em nada semelhante a isso.

Percebo que o cristão comum parece ter uma única preocupação no momento: não perder aquilo que chamamos de "comunhão".

Nesse caso, ele pode não estar tão feliz amanhã como estava hoje, ou não tão feliz depois de amanhã como estava na véspera. Ele se contenta em ser um completo ignorante, contanto que diga: "Tenho de aprender a manter minha comunhão para ser feliz".

A ideia de que o cristão presta contas diante de Deus pelas coisas que faz com seu corpo desapareceu completamente do pensamento teológico da igreja fundamentalista moderna. A fé se tornou uma espécie de mágica, que proporciona capacidades que são acrescentadas naquele que crê — e elas lhe são acrescentadas independentemente do estado em que ele se encontre na vida. Ele tem tudo isso pelo simples fato de crer. Não se considera mais nem mesmo sua condição moral — se ele é ou não fiel a Deus, ou que tipo de cristão ele é.

Ele crê ou já creu o suficiente — então, os benefícios automáticos dessa fé mágica são acrescentados a ele agora e no mundo vindouro.

Ora, esse tipo de ensino ofuscou outra verdade, portanto trata-se de uma verdadeira doutrina da qual se perdeu o foco. Consiste em uma doutrina da graça e da justificação somente pela fé empurrada por uma lógica incorreta para uma conclusão ridícula e grotesca.

A verdade da Bíblia que foi ofuscada, enterrada e esquecida por causa disso é a doutrina da provação. Raramente ouvimos alguma coisa, e o homem que quiser refletir sobre ela, falar sobre ela e se voltar para o ensino bíblico é constrangido a se sentir como uma espécie de herege.

Vamos considerar o que queremos dar a entender a respeito de nossa vida cristã ser um período de provação.

Queremos dizer que esta vida é uma preparação para a eternidade, e essa preparação não termina quando nos aproximamos do Senhor Jesus Cristo para receber a salvação.

Lemos nos Evangelhos que o ladrão na cruz creu e que o Salvador que estava próximo de morrer lhe disse que ele estaria no paraíso naquele mesmo dia. Deduzimos a partir daí o critério segundo o qual julgamos toda essa troca da fé pela salvação. Cremos em Cristo, portanto estamos preparados para o céu, e não há nenhum tipo de provação ou teste, nenhum juízo vindouro — não existe nada disso na teologia moderna.

Por isso afirmei que é possível enfatizar demais uma boa doutrina a ponto de ela ofuscar e fazer com que outra verdade desapareça. Nesse caso, isso foi tão longe que mestres influentes agora pressupõem a crença de que a doutrina da provação e da preparação espiritual é antibíblica. Eles afirmam que tudo se decide por um ato de fé e que não existe nenhuma expectativa de julgamento vindouro.

Com certeza, todos concordamos que a fé em Jesus Cristo resolveu muitas coisas para todo o sempre.

A nossa fé em Cristo resolveu para sempre o nosso pecado no passado — ele foi perdoado. Essa fé estabeleceu a nossa justificação para sempre diante do Pai no céu. Firmou que o nosso nome está escrito no livro da vida do Cordeiro. Garantiu para sempre que somos homens e mulheres regenerados e que a semente de Deus habita em nós.

Essas são coisas decididas e garantidas por uma fé perseverante em Cristo.

No entanto, o maior equívoco dos nossos dias é o total desprezo ao fato de que os crentes estão em prova todos os dias: estamos provando o caráter da nossa fé, estamos sendo testados e preparados para o mundo vindouro.

O apóstolo Paulo ensinou claramente aos crentes de Roma que "cada um de nós dará contas de si mesmo a Deus" (Romanos 14:12).

Ele escreveu aos crentes de Corinto que "manifesta se tornará a obra de cada um; pois o Dia a demonstrará, porque está sendo revelada pelo fogo; e qual seja a obra de cada um o próprio fogo o provará" (1Coríntios 3:13).

A qualidade de nossa vida cristã com certeza será afetada se não sentirmos que prestaremos contas a Deus sobre a maneira pela qual temos usado o nosso tempo, as nossas habilidades, o nosso dinheiro e os bens que Ele nos confiou.

A resposta de alguns cristãos é a seguinte: "Me deixe em paz — vou fazer o que quiser com o meu tempo e o meu dinheiro".

Eu sei disso — e sei também que Deus os está testando e que Ele descobrirá se eles têm senso moral suficiente para saber o que fazer a respeito do tempo que têm à sua disposição. O tempo é um dom precioso que Deus nos deu, mas não foi dado para ser usado de forma insensata.

Os resultados desse período de teste serão vistos no grande dia vindouro, diante do tribunal de Cristo. Alguém escreveu que o apóstolo Paulo com certeza vivia com um olho no tribunal de Cristo e outro no mundo que perece.

Todo cristão é salvo — mas muitos esqueceram que ainda estão em teste. Eles esqueceram que a Bíblia tem muito a dizer a respeito do "grande dia", em que todas as obras do homem serão manifestas. Eles estão tão felizes por serem salvos que esqueceram que Deus está testando a sabedoria, a intrepidez moral, a fidelidade, a visão e a mordomia que todos demonstramos nesse tempo em que vivemos.

Poderíamos passar horas explicando o lado sombrio a do tempo em que vivemos mas eu gostaria de lembrar vocês que tudo isso nada mais é que dom de Deus para nós. Sabemos que o crime e a corrupção se espalham pelo país. Sabemos que muitas condições fazem com que o nosso país se torne um dos mais trabalhosos do mundo, e que temos a chance de desabar como outras nações e impérios no passado.

Entretanto, não desejo estar em nenhum outro período da história do mundo. A época em que estou vivendo consiste em um presente de Deus para minha vida como cristão e eu me considero em teste, sentindo que Deus está realmente interessado no que o menor dos seus servos fará durante o tempo de sua vida.

Justificado e salvo, mas em teste: é esse o lugar no qual o cristão deve se manter. No entanto, somos tão desejosos de fugir de toda responsabilidade que damos coices como um potro selvagem e bradamos palavras de resistência contra todo juízo.

Não estamos vivendo em um período de juízo ostensivo em nossa época, e é por isso que o homem pensa agora que pode escapar praticamente de tudo. Se este fosse um período de juízo divino, pecaríamos e o Senhor nos castigaria imediatamente. Ele provaria imediatamente que você não é digno do seu reino.

Contudo, este é um período de teste, e o Espírito Santo diz: "Portanto, nada julgueis antes do tempo, até que venha o Senhor, o qual não somente trará à plena luz as coisas ocultas das trevas, mas também manifestará os desígnios dos corações; e, então, cada um receberá o seu louvor da parte de Deus" (1Coríntios 4:5).

Este período em que vivemos não é o teste — equivale à preparação do teste. Não consiste no exame final — nada mais é que a preparação para ele.

Gostaria de lembrá-los de que toda essa doutrina foi obscurecida por muito tempo, mas Jesus a explicou de forma completa no capítulo 25 de Mateus.

Nesse capítulo, ele conta a história de um homem que foi para um país distante e, antes de partir, fez uma reunião com seus três servos. Ele lhes deu talentos para que eles cuidassem durante a sua ausência.

Ele deu a um homem cinco talentos; a outro, dois; e a outro, somente um, cada um de acordo com a sua capacidade. Eles não tinham do que reclamar, porque cada um recebeu o que merecia.

Depois ele disse: "Eu voltarei, mas lembrem-se de que os deixei na responsabilidade de cuidar de todos os meus bens".

O servo que havia recebido cinco talentos e o servo que havia recebido dois começaram a usar o que lhes tinha sido confiado. Já o terceiro enterrou o seu talento.

Depois, quando aquele senhor chegou, chamou seus servos para a devida prestação de contas. Ele queria ouvir o relatório deles.

Reflita que, enquanto ele esteve fora, viajando, eles poderiam ter feito o que quisessem. Poderiam fazer o que achassem melhor com a sua responsabilidade: dois deles perceberam que estavam sendo testados, porém o terceiro não enxergou isso.

Dois deles disseram: "Usamos seu dinheiro sabiamente; tome-o de volta com juros".

O terceiro disse: "Fiquei com medo, então escondi o dinheiro na terra".

O senhor disse aos dois primeiros: "Vocês foram fiéis no pouco, então os farei administrar o muito".

O terceiro servo, que não percebeu que estava em teste durante a ausência do seu senhor, foi lançado fora como servo inútil.

O que você fará com essa passagem?

Eu sei que os ultradispensacionalistas se esquivam disso dizendo: "Mateus não se aplica a nós na igreja". Bem, preferiria acreditar no modernista, quando diz que Isaías não se aplica a nós, a dizer que Mateus não pertence a nós.

Já que somos ovelhas de Deus, muitos de nós descobrimos que os pastos verdejantes da sua provisão satisfazem o nosso espírito, seja qual for a passagem do seu livro em que se encontrem. Gosto de uma das regras principais do Instituto Bíblico Moody: "A Palavra de Deus pode não falar sempre sobre mim, mas sempre é para mim".

Considero esse argumento bem eloquente a respeito do restante da minha vida cristã neste mundo. Como podemos afirmar que o nosso serviço diário para Deus e para o próximo não está sendo avaliado com rigor e que não será julgado severamente diante dos pés de Jesus Cristo naquele grande dia?

O crente é justificado e salvo daquela aparência terrível diante do juízo do grande trono branco, no qual todos os perdidos serão julgados.

Entretanto, chegará o dia em que o Salvador de face bondosa, mas séria, chamará os remidos e justificados aos seus pés, dizendo: "Temos que fazer uma prestação de contas do que foi feito pelo seu corpo desde que você foi salvo. Eu lhe confiei várias habilidades que são mais do que suficientes. Você teve muitas oportunidades de brilhar como astro no firmamento dos tempos. Confiei a você meses e anos para que me servisse de forma fiel e obediente, e fosse minha testemunha".

Irmãos, não haverá nenhum lugar para se esconder nesse momento. Vocês tentaram resumir tudo na vida espiritual a um único ato de fé, mas existem coisas que nunca se resolvem até que partamos para a eternidade ou até a vinda do Senhor.

Ora, o que o Todo-Poderoso espera de nós, moral e espiritualmente?

Ele nos aconselha a julgarmos a nós mesmos: "Se nos julgássemos a nós mesmos, não seríamos julgados" (1Coríntios 11:31).

Ele espera que sejamos seus filhos obedientes, sabendo que é necessário tomar a decisão moral de obedecer a Ele fielmente a cada dia.

No entanto, é aí que reside a nossa felicidade espiritual. Confio que muito mais pessoas entre nós estão dispostas a cantar com Charles Wesley de forma sincera a seguinte oração:

> Faze-me, ó Deus, guardar
> minha alma, não mortal
> e a ti contas prestar
> no reino celestial.

(*Hinário luterano.*)

10

Jesus é mais que um Salvador: *no final das contas, Ele será o Juiz*

Porque assim como o Pai tem vida em si mesmo, também concedeu ao Filho ter vida em si mesmo. E lhe deu autoridade para julgar, porque é o Filho do Homem.

João 5:26-27

ALGUÉM PODERIA ESCREVER um livro muito importante para o nosso tempo sobre as grandes doutrinas da Bíblia que são esquecidas e negligenciadas.

Um desses temas negligenciados e ignorados é o fato de que o próprio Senhor Jesus Cristo é o Juiz de toda a humanidade.

Jesus disse claramente à geração da sua época que o Pai no céu não julgará ninguém, mas "ao Filho confiou todo julgamento" (João 5:22b).

É uma tragédia que muitos homens e mulheres vivem entre nós sem nunca chegar ao entendimento de que o nosso Senhor Jesus Cristo tanto é Salvador quanto Juiz de toda a humanidade.

Quando descobrimos todas as implicações dessa verdade fundamental, também descobrimos que tanto amamos quanto tememos a Ele. Nos o amamos porque Ele é o nosso Salvador, e o tememos e reverenciamos porque Ele sabe tudo sobre nós e sabe tudo o que está dentro de nós e a Ele foi confiado todo o juízo.

Muitas vezes me surpreendo, muito irritado, diante de muitos ensinos e pregações que retratam Cristo como um amigo de todos, doce e flexível, uma figura pintada, plástica, sem nenhuma personalidade e nenhum envolvimento com a justiça.

Se esse for o único Cristo que existe, podemos muito bem fechar nossos livros e fechar as portas para que usem o nosso lugar de reunião como uma loja ou um estacionamento.

Mas esse Cristo que tem sido tão pregado não é o Cristo de Deus, nem o Cristo da Bíblia, tampouco o Cristo que realmente trata com a humanidade, porque os olhos de Cristo são como chamas de fogo, os seus pés são como o latão reluzente e da sua boca sai uma espada afiada de dois gumes. Ele será o Juiz da humanidade.

A parte abençoada disso tudo é que os crentes podem deixar seus entes queridos que morreram em suas mãos, sabendo que Ele mesmo sofreu; sabendo que Ele sabe de tudo e não cometerá nenhuma injustiça naquele dia de revelação e de juízo.

Ora, isso serviu de introdução para a nossa reflexão sobre os conceitos básicos de juízo conforme se encontram na Palavra de Deus, sobre algumas ideias humanas e inadequadas a esse respeito e sobre as qualificações de Jesus Cristo para o juízo final da humanidade.

Existe um conceito básico de juízo, simples, no qual praticamente todas as pessoas religiosas que já viveram acreditam, com algumas variações em seus detalhes. Trata-se da crença de que os seres humanos são moralmente responsáveis porque não consistem em seres que criaram a si mesmos, nem se autossustentam. A vida deles vem de outra pessoa, e não de si mesmos.

Deus Pai, no céu, tem vida em si mesmo; portanto, ninguém pode julgar o Pai. Ele não é um ser derivado de outro — Ele é o Ser original.

Jesus irritou as pessoas que o criticaram na sua época quando ensinou que o Pai tinha dado ao Filho essa qualidade de ter vida em si mesmo. Jesus Cristo não é um ser derivado, mas só provém do Pai. Ninguém pode julgar o Filho.

Não é incoerência acreditarmos que os homens são livres para fazer suas próprias escolhas morais, enquanto acreditamos, ao mesmo tempo, que eles se acham debaixo da necessidade de prestar contas a Deus por essas escolhas. Isso os deixa tanto livres quanto presos, porque são conduzidos ao juízo e prestarão contas pelos atos que realizaram por meio do seu corpo.

Vamos dar uma olhada em alguns conceitos inadequados a respeito do juízo que geralmente são ensinados entre nós.

Provavelmente, o primeiro deles é o seguinte: o uso da lei da compensação.

Em seus ensaios, Ralph Waldo Emerson defendeu o ensino de que não existe juízo vindouro: tudo é julgado, sentenciado, recompensado ou castigado no presente.

A base dessa opinião é que, se você tirar alguma coisa do bolso esquerdo, compensará colocando no direito, e tudo o que você faz em uma direção é contrabalançado pelo que faz na direção oposta.

Debaixo dessa premissa, Emerson disse que o bandido rouba de si mesmo, e o seu castigo é o reconhecimento de que ele é um ladrão.

Existe um pouco de verdade nisso, mas não é suficiente. Trata-se de um conceito inadequado que não é ensinado em nenhuma passagem das Escrituras.

Outro conceito inadequado é que só seremos julgados pela opinião pública.

Com certeza, todos somos responsáveis diante da opinião pública de algum modo, mas é bem tolo homens e mulheres afirmarem que não existe outro juízo além daquele que a opinião pública impõe.

Você mora ao lado do seu vizinho e certamente ele julgará se você é ou não um bom vizinho. Você dirige na estrada e os outros concluirão se você é um bom motorista ou um "barbeiro" na direção.

Entretanto, afirmar que o juízo final se baseia na opinião pública é debater como uma criança tola — porque temos algo mais diante de nós.

Outros assumiram a posição de que o juízo se baseia completamente na lei humana. Toda nação ensina que seus cidadãos responderão diante da lei humana. Toda nação cria suas próprias leis — e isso é verdadeiro desde as tribos mais primitivas da Nova Guiné até os países mais civilizados do mundo. Eles têm suas próprias leis e todos devem responder a elas.

Você indaga: "Mas o que diremos do criminoso?".

Geralmente, ele é um criminoso somente em alguns aspectos. O bandido pode roubar um banco para conseguir dinheiro para pagar seus impostos devidos. Ele está transgredindo uma lei enquanto guarda outra. Mesmo assim, ele não passa de um criminoso e deve responder diante da lei, até mesmo em flagrante. A lei não tem como castigar de forma justa todos aqueles que passaram dos limites em várias restrições humanas.

Talvez você já tenha ouvido alguém dizer que "o homem é responsável diante da sociedade". Existe um fundo de verdade nessa declaração, mas o problema é que a sociedade não pode nos alcançar na esfera do nosso ser em que somos mais profundamente responsáveis — é diante de Deus e diante de nós mesmos.

Moro em uma cidade dos Estados Unidos. Sou responsável diante da opinião pública. Sou responsável diante das leis da terra, mas também sou responsável diante de mim mesmo e diante do meu Deus.

Portanto, nos relacionamentos que são mais importantes para mim, a humanidade não consegue me atingir de nenhum modo.

O homem que diz "Vou me suicidar" e depois aponta a arma para a própria cabeça e tira sua vida não presta contas diante da sociedade e não responderá por isso diante da lei — mas ainda prestará contas diante de uma autoridade superior.

Digamos que um homem se levante e proclame que é ateu e dê as costas para Deus. Não existe nenhum país que castigará alguém por causa disso — nenhum país castigará alguém por odiar a Deus.

Alguns países castigaram os homens por não ir à igreja ou por não pagar o imposto eclesiástico devido, mas os homens podem odiar a Deus em seu coração e nunca serem castigados, porque a sociedade humana não pode alcançá-los nessa esfera vital e importante.

Ora, sempre existiram aqueles que afirmam que o homem só é responsável diante de si mesmo — que todo homem se apresenta diante do tribunal da sua própria razão e da sua própria consciência. Essa crença afirma que a própria razão e a própria consciência do homem equivalem tanto a um júri quanto a um juiz — e que cada homem consiste em uma lei para si mesmo.

Tudo isso leva diretamente à realidade infame da moral que está sendo ensinada de forma tão ampla atualmente em nossos processos educacionais. Ela diz que algo é bom se traz aprovação social e é mau quando traz repulsa social.

Se esse conceito fosse verdadeiro, então teríamos tantos códigos morais quanto teríamos seres humanos. Cada um de nós seria sua própria testemunha, seu próprio promotor, seu próprio juiz e seu próprio carcereiro.

Na estrutura da nossa própria humanidade, esse conceito chega a uma insensatez e a uma inadequação tão grande que isso nem chega à nossa consideração.

Para algumas pessoas, pode parecer bem culto e místico, mas trata-se de algo ridículo — que homem poderia ser tão honesto e tão severo consigo mesmo?

Eu sei que, se eu fosse meu próprio promotor de justiça, juiz e executor, acharia algum modo de evitar meu instrumento de castigo. Tenho certeza de que não cortaria a minha própria cabeça.

Bem, não é dessa forma que as coisas acontecerão.

Finalmente prestaremos contas diante daquele que nos trouxe à existência. Somos responsáveis diante daquele de cujo coração viemos e que estabeleceu suas leis sobre nós. Somos responsáveis diante de Deus.

Esse é o conceito de responsabilidade, moralidade e transformação que regenera o homem, constrói o caráter e que faz com que surjam nações duradouras.

Por outro lado, é a ausência dessa crença que torna a confissão cristã suave e líquida, produzindo igrejas sem sentido.

Um jovem em nossa Escola Dominical nos disse que visitou uma igreja em outro estado em que se discutem livros e sonhos — e, no domingo em que ele fez essa visita, eles estavam conversando sobre úlceras pépticas. Acho que ficaria com úlceras só de visitar uma igreja dessas!

Meus irmãos, quando nos afastamos da verdade e fugimos da Palavra de Deus, construímos nossas próprias visões — e nossa tolice não achará limites.

Acredito que é fácil e simples concluir que, quando nos recusamos e nos afastamos cada vez mais do conceito do juízo de Deus, isso já consiste por si só no começo desse juízo.

Foi a crença na responsabilidade do ser humano diante do seu Criador que fez dos Estados Unidos uma grande nação. Daniel Webster estava entre esses líderes pioneiros, cujos olhos flamejantes e oratória eloquente sempre cativavam o Senado. Naqueles dias, o Congresso era formado de políticos fortes e nobres que carregavam o peso da nação na mente e no coração.

Alguém perguntou a esse homem: "Sr. Webster, o que o senhor considera o pensamento mais sério que ocupou a sua mente?".

Ele respondeu: "O pensamento mais solene que ocupa minha mente é minha responsabilidade diante do meu Criador".

Homens desse tipo não podem se vender, muito menos se corromper. Eles não têm de se preocupar se alguém grampeia suas ligações. O que eles são no caráter e no comportamento decorre de sua crença de que, no final, são responsáveis diante de Deus.

Sei que não preciso lembrá-los de que o juiz de toda a humanidade tem de reunir algumas qualidades que compõem a capacidade de exercer o juízo.

O sentido simples disso é que aqueles que devem ser julgados devem responder diante do juiz.

De acordo com as Escrituras, ser um juiz no reino de Deus exige um tipo de justiça que vai além das estruturas legais do homem. O juiz de toda a humanidade não pronuncia nenhum veredito com base em leis promulgadas e impostas por outra pessoa, como se faz neste mundo efêmero e provisório em que vivemos. Em nossa realidade, um grupo de homens elaborará uma lei e o juiz, que nasceu cem ou duzentos anos depois, pode fazer cumpri-la sem ter o mínimo conhecimento sobre a pessoa a ser julgada.

Para ser um juiz justo da humanidade, esse juiz deve ter todo o conhecimento, para que não haja engano ou equívoco algum de sua parte.

Em nossos sistemas terrenos, muitos homens inocentes foram enforcados e muitas pessoas foram presas para pagar dívidas que nunca contraíram, enquanto os trapaceiros que cometeram os crimes morreram em suas camas, rodeados de amigos.

A justiça humana tenta fazer o máximo que pode, mas, como nenhum juiz é totalmente sábio, infelizmente alguns erros são cometidos.

Entretanto, o Deus todo-poderoso nunca julgará a raça humana permitindo que uma única alma alegue que houve algum erro.

O juiz tem de ser alguém que tenha toda a sabedoria — portanto eu desqualifico Paulo, Moisés ou Elias. Eu desqualifico todos os homens, pois ninguém me conhece o suficiente para fazer o meu juízo final.

Nós, seres humanos, podemos fazer juízos breves sobre os outros em questões simples nesta terra, mas, no que diz respeito a enfrentar meu futuro eterno, não quero correr risco de falha humana.

O juiz da humanidade tem de ser necessariamente alguém que nunca precisará do testemunho de terceiros; Ele não se baseará no testemunho de outra pessoa para tomar sua decisão.

Ouça o que Jesus disse: "Eu nada posso fazer de mim mesmo; na forma por que ouço, julgo. O meu juízo é justo, porque não procuro a minha própria vontade, e sim a daquele que me enviou" (João 5:30).

Existe outra questão envolvida: o juiz não pode ser uma das partes interessadas. Ele não pode ter nenhum preconceito, nenhum interesse pessoal. A motivação e as ações de alguns juízes nesta vida podem ser questionadas, mas o Filho de Deus é capaz de dizer: "Eu julgo como aquele que não busca a sua própria glória, mas somente a glória de Deus".

Portanto, Ele pode ser juiz. Ele se relaciona pessoalmente, mas, mesmo assim, Ele é desinteressado — Ele não tem nada a ganhar ou perder com seu juízo, e toda glória pertence a Deus.

Logo, Jesus Cristo reúne todas as qualidades para ser o juiz de toda a humanidade.

Além disso, existe a questão de o juiz ter um entendimento com conhecimento de causa.

Não quero ser julgado por nenhum arcanjo que nunca derramou uma única lágrima. Nem mesmo quero ser julgado por algum serafim que nunca sentiu dor. Não quero ser julgado por algum querubim que nunca conheceu a tristeza, as decepções ou as aflições humanas.

Está registrado claramente que o Pai do céu deu o poder e a autoridade ao Filho para exercer juízo porque Ele é o Filho do Homem. Portanto, Ele pode ser o advogado, o Salvador, pelo trono de amor, mas também pode ser o juiz assentado sobre o trono.

Neste grande dia que ainda virá, não haverá escape, nem choro nem vela. Ninguém poderá acusá-lo dizendo "Mas Senhor, o Senhor não entendeu".

Ele realmente entende, porque se tornou um de nós e andou entre nós. Nunca houve uma lágrima que Ele não tenha derramado, tampouco alguma decepção que Ele não tenha sentido, nenhuma tentação pela qual Ele não tenha passado; nunca houve nenhuma situação grave da qual Ele não tenha saído vencedor. Cristo reúne todas as qualidades para ser juiz da humanidade. As lágrimas que Ele derramou, as dores que Ele sofreu e as aflições pelas quais passou não fazem dele simplesmente um juiz justo, mas um juiz que compreende a situação da humanidade.

Jesus falou várias vezes que "veio a este mundo para juízo", e acrescentou: "Eu vim a este mundo para juízo, a fim de que os que não veem vejam, e os que veem se tornem cegos" (João 9:39). A sua presença na raça humana é o nosso juízo sempre presente sobre o pecado. Quando o nosso Senhor, o Filho do Homem, vier em nuvens de glória, então reunirá as nações. Ele as separará, porque Ele será o juiz. Ele terá ombros de homem e rosto de homem, porque será um homem — Jesus Cristo homem.

Hoje, as pessoas o ignoram e se afastam em uma nuvem de fumaça, mas um dia terão de voltar e finalmente se apresentar diante dele. Podemos ter certeza de uma coisa: ou Ele será o nosso Salvador hoje ou será o nosso Juiz naquele dia.

Pense comigo sobre as consequências do pecado, do juízo, do arrependimento e do perdão nessas palavras bem conhecidas de Isaac Watts:

> Nenhum sangue de animais
> imolados nos altares judeus
> poderia dar paz à consciência culpada
> ou lavar a mancha do pecado.

Onde está a autoridade para isso? Leia os capítulos 8 e 10 do livro de Hebreus.

> Mas Cristo, o Cordeiro celestial,
> lava todos os nossos pecados;
> um sacrifício de nome mais nobre
> e sangue mais precioso.

É fundamental que, em nossa fé e teologia cristãs, o sangue precioso de Jesus nos purifique de todo pecado:

Minha fé lançaria mão
de tua amada cabeça,
enquanto, como um penitente, fico de pé
e ali confesso meu pecado.

Você consegue reconhecer essa comparação? Na cena do Antigo Testamento, o pecador tinha de vir ao sacerdote e dizer: "Pequei e trouxe um cordeiro", ou algum outro animal. O sacerdote, então, aceitava aquela criatura e o pecador impunha sua mão na cabeça do animal enquanto o sacerdote o matava e derramava seu sangue. Assim, naquele dia, o pecado cometido era perdoado.

Minh'alma olha para trás, para ver
o fardo que carregaste
quando pendurado no maldito madeiro,
e sabe que a culpa dela ali ficou.

Será que realmente cremos nisso, irmãos e irmãs? Que foi a nossa culpa que foi perdoada na maldição do madeiro? Sim, é verdade que "aquele que não conheceu pecado, ele o fez pecado por nós; para que, nele, fôssemos feitos justiça de Deus" (2Coríntios 5:21).

Crendo, nos alegramos
por ver a maldição eliminada;

bendizemos o Cordeiro com voz alegre
e cantamos seu amor sangrento.

Qual foi a maldição que se dissipou?

Foi a maldição da lei que foi desobedecida: a maldição do pecado. Ah, o que pode ser tão maravilhoso quanto cantar isso: "bendizemos o Cordeiro com voz alegre e cantamos seu amor sangrento"?

Se você não sabe que foi perdoado, feche agora os olhos e, pela fé, coloque as mãos sobre a bendita cabeça do Cordeiro de Deus e, como o penitente, confesse seu pecado. Quando você coloca sua fé nele, a maldição é retirada do seu coração e você sabe que o seu pecado foi perdoado por causa do sangue purificador.

O que Ele será para você — Salvador ou Juiz?

Se ele não for o Salvador, ele terá de ser seu Juiz.

A Bíblia realmente fala de algumas pessoas que enviaram seus pecados anteriormente ao juízo. Pela fé, você pode ter justamente isso — seu juízo antecipado. Deixe que seus pecados sejam julgados, perdoados e purificados neste instante, enquanto você está aqui nesta terra.

Jesus Cristo, o Salvador, perdoará os seus pecados, porque, por sua morte, Ele leva os seus pecados para o mar do esquecimento. Ouça hoje mesmo a sua voz de consolo, encorajamento e perdão!

Sua opinião é importante para nós.

Por gentileza, envie-nos seus comentários pelo e-mail:

editorial@hagnos.com.br